智慧旅游产业数字化的理论与实践

Smart Tourism:
Theory and Practice of
Industrial Digitalization

杨彦锋 伍兴红 吕敏 曾安明 编著

中国旅游出版社

责任编辑：李冉冉
责任印制：冯冬青
封面设计：中文天地

图书在版编目（CIP）数据

智慧旅游：产业数字化的理论与实践 / 杨彦锋等编
著 . -- 北京：中国旅游出版社，2022.5
ISBN 978-7-5032-6951-6

Ⅰ．①智… Ⅱ．①杨… Ⅲ．①数字技术－应用－旅游
业发展－研究－中国 Ⅳ．① F592.3-39

中国版本图书馆 CIP 数据核字（2022）第 070017 号

书　　名：智慧旅游：产业数字化的理论与实践

作　　者：杨彦锋等编著
出版发行：中国旅游出版社
　　　　　（北京静安东里6号　邮编：100028）
　　　　　http://www.cttp.net.cn　E-mail:cttp@mct.gov.cn
　　　　　营销中心电话：010-57377108，010-57377109
　　　　　读者服务部电话：010-57377151
排　　版：北京旅教文化传播有限公司
经　　销：全国各地新华书店
印　　刷：北京工商事务印刷有限公司
版　　次：2022年5月第1版　2022年5月第1次印刷
开　　本：787毫米×1092毫米　1/16
印　　张：10
字　　数：176千
定　　价：58.00元
ＩＳＢＮ　978-7-5032-6951-6

序言

　　受作者之邀作序，是先睹为快的学习机会，而对于智慧旅游这样一个让行业纠结已久的热题，则更是浮想联翩的思索过程。立足行业高度提出智慧旅游发展理念至今已近十个年头，从寥若晨星到遍地开花，看似走过了新事物发展的惯常道路，但其本身冲击及由此带来的理念波及，则绝无仅有地深度影响了产业发展的各个领域，并还将延续下去。

　　这本书的研究恰处智慧旅游发展的炽热期和迷茫期，这是一个创新性理论和变革性实践交织互进的时代。作者敏锐地捕捉到当今智慧旅游发展理论与实践相互支撑、相互促进、相互完善、相互成就的发展本质，从智慧理念、产业症结和融合创新等维度进行了阐述和分析，是一部既有普适性又有针对性的智慧旅游发展参考书。

　　在认识世界和改造世界的过程中，理论与实践的关系问题，早已成为哲学的金科玉律。但面对科技的创新、社会的新形态和产业的新模式，理论指导针对性不足、实践活动覆盖率不够的问题尖锐且突出。理论和实践的先行与引领，一个宏观理论上源自天成的时序步骤，却成为横亘在微观实践中的一座大山。实际上，在社会发展中，这样的问题并不是绝无仅有，我们熟知的"摸着石头过河"，就是在社会发展理论和实践断层中的一种有效方式。同样，我们也可以在智慧旅游发展的理论和实践中，植入一个时效化的中间层，它是得到公知的实践性理论的一部分，也是实践性活动的预构理论，我们可以把它称为理念。在这里我们不妨把智慧旅游的这个理念大致分为三个分支，分别为基础理念、环境理念和发展理念。本书的理论和实践，涉及的主要是产业发展理念，这也是智慧旅游发展的重点领域，是值得探索、值得研究、值得提升的重点方向。

　　谈到发展理念，就不得不说创新驱动和应用驱动的关系。智慧旅游的热度既有技术创新的触发驱动，又有产业变革的原始驱动，二者可称为外在动因和内部动力。技术驱动和应用驱动是两个模式、两条路线，但是又是相互依赖、不可缺少的，这两个方向始终左右着智慧旅游的发展和应用。近年来，智慧化共性技术支撑取得了飞跃式发展，智慧旅游进步和提升也是显而易见，但是和技术提升相比，我们的业务提升就显得逊色多了。其中的一个显性原因，就是更多的应用属于惯性思维和浅层创新，技术能做什么事、技术突破的强项是什么，我们就顺着这个脉络思维走。即便我们少有的、自主提出来的业务需求，也往往是仅仅依靠这个脉络想象，因为我们始终不习惯离开技术驱动的这个传统思维。从某种意义上来说，我们推进智慧旅游，缺少的不是资金和技术，而是业务能力的提升，特别是基础业务能力的缺欠；所以总是在遇到问题的时候，不加分析地希望能够简单依靠技术来解决。换一个角度来看，智慧旅游绝不是一种简单的技术集合，它更多的是一种方法，甚或是方法论。

智慧旅游有两个关键词：一是"智慧"，二是"旅游"。其中，"旅游"是承载"智慧"的基础、是母体。推进智慧旅游建设应用，首先要遵循现代旅游产业发展规律，离开"旅游"谈"智慧"，寄望于通过技术创新的普遍原理让一个乱糟糟的景区或目的地脱胎换骨，那是不切实际的空想。过去的一年我们对业务驱动的理解逐步在升华，但这并不意味着我们摒弃了技术驱动的重要作用，深刻发现我们运行管理中出现的问题，进而准确选择适用的技术和解决方案才是最有效的方法。业务驱动和技术驱动并举才是智慧旅游的智慧选择。

除此之外，理念还包含了诸多实践指导性内容。例如，急功近利、欲速则不达的问题。产业发展的问题太多、困惑太多，因而智慧旅游也就承载了不可承受之重，重视和希冀固然是难能可贵，但在智慧旅游的培育期和成熟期，爱之深、责之切的揠苗助长，甚而导致的早夭，也始终是一个不可忽视的问题。

毋庸置疑的是，产业智慧是一篇大文章。这篇大文章的关键之处有很多，但必须要有智慧的过程，或者说智慧的做法；其中学习是最直接、最必要的一个重要环节，这也是我掩卷而思的一个结论。

信宏业

2022 年 3 月

理论观点篇——智慧旅游面面观

Part 1

第一章　智慧旅游脉络梳理

第一节　从"智慧城市"到"智慧旅游"

最糟糕的不在于这个世界不够自由，而是在于人类已经忘记自由。

——米兰·昆德拉《生活在别处》

一、城市——文明进阶的主角

城市的演变是人类文明的见证，人类文明的发展史就是一部城市进化史。英文中，"文明"一词就源自拉丁文的"Civis"，意为"城市的居民"。在不同历史阶段，城市不断兼收并蓄、包罗万象，促进人类文明的不断进步[①]。

早在我国《周礼·考工记》中就指出了"匠人营国，方九里，旁三门。国中九经九纬，经涂九轨，左祖右社，面朝后市，市朝一夫"的都城建造之道[②]。

我国早期，"城"和"市"是分开的。《管子·度地》中指出，内为之城，外为之廓（通"郭"，指城郭，编者加）。《吴越春秋》指出，"筑城以卫君，造郭以为民"。"城"主要是为了防卫而用城墙包围的区域。"日中为市"，"市"则主要为城中商品交易的场所。

古代的广大百姓多居于乡村，零零星星的城市分散布局，人口少、规模小，相对更具有"国"的意味，这便是城市最初的形态。千百年来，人们遵循自然规律，日出而作、日落而息、自给自足，农耕文明就此诞生。

---

① 朱玥颖，张蓉萍.人民日报观点：新城区 新理念—部城市发展史折射人类文明进步的历程［NEB\OL］.人民日报.2017-072-17（23）.http://dz.china.com.cn/tsyq/2017-07-17/56188.html.

② 陆航.都城中轴线：见证城市的历史［N］.中国社会科学报，2016-05-06（005）.

随着商业经济的发展演进，城与市逐渐融为一体，成为人类文明发展的普遍空间形态。200年前，机器的轰鸣声彻底打破了昔日的宁静，火车、汽车、摩托车，电灯、电话、电视机，市场与科技交相辉映，新的思想与商品如浪潮般一次又一次无孔不入地涌向世界的每处角落，一代又一代的人们用勤劳和智慧不断点亮一棵又一棵的"科技树"，烟囱、厂房和高楼以奇迹般的速度占领和重塑昔日的荒野和乡村。近200年来，工业制造业与信息技术的突飞猛进使无数人从乡村涌入城市，城市逐渐走入世界舞台的中心。

当乡村变成了城镇，城镇变成了城市，城市变成了超大城市、特大城市甚至超级城市，农耕文明逐渐被城市文明取代，彻底成为被封存的过去式。城市化的进程大大加快，城市的数量和人口迅速增加，规模的体量迅速膨胀，以惊人的速度成长为人类活动的主要场所。英国在1802年时5000人以上的城镇仅有106个，城市化率仅为20%，这两个数字在90年之后增加到了622个和60%。美国在1800年城市人口仅为总人口的3%，100年后的1900年便猛增到50%。

我国的城市化进程同样是个传奇。100多年前，我国的城镇化率还不到10%，城镇人口仅2000多万人，如今，城镇化率已近60%，城镇人口也已接近8亿。其中最典型的便是深圳，改革开放的春风吹遍神州大地，在改革浪潮中大批城市拔地而起，深圳从一个小渔村发展到如今中国第一个百分百城镇化的城市，不可为不传奇。

与其说城市彻底颠覆和改变了人类文明的历程，不如说人类文明的历程在城市中得以实现了飞跃，城市所承载的市场经济、商业制度、社会文化和创新精神等如源源活水般把所有意想不到的奇迹化为触手可及的常态，吸引着一代又一代人前呼后拥地投入它的怀抱。

二、智慧城市——让未来触手可及

生产力的推进使人类思想以惊人的速度和数量增长、传递，政治、经济、社会、文化、生态等也随之发生剧烈变化。进入信息化时代，不断发展变革的信息技术成为新的生产力，生产力的进步为人类提供了新的生产手段，由此带来生产关系，如资源配置、经济结构、经营方式、产业关系等多方面的剧烈变化。这些变化直接引起人们世界观与价值观的转变，推动着政治体制与社会结构的革新。总之，现代信息技术的出现和发展将带来人们生产生活方式的变化，并带来经济和社会等的变革，推动人类走向新的文明阶段[1]。

---

[1] 百度百科.信息革命［EB\OL］. https://baike.baidu.com/item/%E4%BF%A1%E6%81%AF%E9%9D%A9%E5%91%BD/674006?fr=aladdin，2018-02-10.

与此同时，城市化的发展也带来了巨大的负面影响。随着城市的扩张和膨胀，空气污染、交通阻塞、贫富差距过大、住房及医疗紧张等问题也变得刻不容缓，给城市的发展带来巨大压力。

随着互联网、物联网、人工智能、大数据及云计算等技术的飞速发展和广泛应用，以及城市化负面影响的不断加重，一种利用高度信息化的手段来解决城市发展中的弊病的需求越发强烈。在此背景下，数字城市、智能城市、智慧城市的概念被相继提出，并在理论与实践中不断拓展深入。

将资源、商品及一切关系信息化处理的做法在信息革命发生之时就已经被尝试过。基于宽带通信基础设施和面向服务的计算资源基础设施，数字城市和智能城市能够提供创新型管理与服务的互联共同体。2009年，美国迪比克市与IBM合作建立了世界上第一个智慧城市，该项目基于物联网、大数据等全球最前沿信息科技，在一个拥有6万居民的社区中将各种生活资源（包括水、电、煤气、交通、卫生保健、信息服务等）进行信息化连接，通过检测、分析和整合所收集到的数据促进社区的智慧化响应，提高了资源的利用率和社区的便利化程度①。在2010年，美国IBM公司正式提出了"智慧的城市"的愿景，希望用"智慧"的方式重塑城市中的交互方式，推动交互过程更加明确、高效和便捷。智慧城市也迈出了理论融入生活实践的关键一步。

而现阶段的智慧城市建设则是在大系统整合的物理空间和网络空间交互下的数字城市，其管理更加精细、环境更加和谐、经济更加高端、生活更加宜居。在"新冠"疫情之下，智慧设施与大数据在行程追踪方面更是发挥了极大的作用，便捷了城市管理，成为控制疫情的一把必不可少的无形利剑。

如果说数据是信息社会的粮食，那么智慧技术则是将粮食加工成可用食品的工具。与之前的数字城市、智能城市等概念相比，现如今的智慧城市建设在信息化的融合程度、智能感知、分析和响应、制度化的融合机制等方面都更加深入，更加深入人民生活，致力于解决居民生活中的实际问题，更加强调感知与物联，更加注重公众参与和互动②。可以说，智慧城市是目前信息技术与城市最先进、最人性化的融合。

当全球城市竞相成为交通与网际网络的结点，人们在智慧城市快速流动的巨型网络中游走。在科学技术迅速发展、彻底改造地景和生活习惯的21世纪，人类最缺乏的不再是创造力，而是想象力。当科技之光逐渐照亮智慧之城，当科幻片中的场景成为

---

① 胡拥军. 智慧城市的发展现状、问题诊断与经验总结［J］. 中国信息化，2014：20–23.
② Grace. 智慧城市与数字城市的区别［EB\OL］. 中国信息界 .2012–09–26.http://bas.qianjia.com/html/2012–09/13560.html.

现实，曾经遥远缥缈的未来，已然触手可及。

三、智慧旅游——赋活城市的新动力

1933年，国际现代建筑协会（CIAM）第四次大会在雅典制定了《雅典宪章》，该宪章创造性地总结出城市的四大功能：居住、工作、游憩和交通[①]。其中，游憩的功能，就包含了我们常提的"旅游"的概念。可见，城市向来是旅游重要的活动载体和功能空间。

城市离不开旅游，旅游同样离不开城市。旅游业对资源配置的导向性功能有利于推动城市从产业结构到基础建设的优化。旅游业不仅能给城市带来经济和产业的拉动，更能促进文化及社会价值的充分挖掘。旅游为城市提供了对外展示自身形象的窗口和名片，体现着一个城市的灵魂和魅力，是一个城市文化活化最重要的方式之一。旅游人文性、社会性和创造性的发挥也能推动城市生态资源、文化资源等的保护及可持续利用。如今，旅游已成为城市形象展示的重要途径，促进着不同文明间的交流交融。

人类社会逐渐步入智慧经济时代，作为对信息高度依赖的旅游业，信息技术在旅游发展中的充分应用十分必要，信息技术的引入也从底层生态上重塑了旅游业的运行模式，旅游因此变得便捷、高效、顺畅。近些年，携程、同程等OTA（在线旅行社）的发展给传统旅行社业及旅游业带来了革命性的突破，使说走就走的旅行便成了常态。智慧景区、智慧交通、移动支付等也使昔日烦琐疲劳的旅行变得轻松愉快。

以互联网、物联网、人工智能、虚拟现实等技术为支撑，基于智慧城市的建设利用泛信息化手段将旅游全过程、全要素打通，广泛服务于游客、相关政府部门及企业的智慧旅游，将会成为赋活城市的新动力，把人们对美好生活的向往变成现实。

四、智慧城市与智慧旅游——共生共融

智慧城市可以看成是数字城市建设的深入和延伸，是城市发展充分信息化、智能化的高阶产物。智慧城市本质上是以物联网为重要基础，以智慧技术、智慧服务、智慧产业、智慧管理、智慧生活等为重要内容的城市发展新模式，其涵盖了三方面内容，即信息化的基础设施、信息化的民众应用和信息化的产业应用[②]。

智慧旅游与智慧城市的原理是共通的，在本质上又是相互关联的，城市是旅游活动进行的主要场所，从这种意义上看，智慧旅游的建设就是智慧城市的建设。智慧城

①　吴良镛．国际建协《北京宪章》：建筑学的未来［M］．清华大学出版社，2002．
②　张永民，杜忠潮．我国智慧城市建设的现状及思考［J］．中国信息界，2011（2）．

市建设为智慧旅游的发展提供了便利，智慧旅游依托智慧城市的信息技术平台实现旅游资源的交流和共享，通过智慧城市的产业建设支撑智慧旅游的公共服务等。同时，智慧旅游体系建设又进一步促进智慧城市的完善，提升城市的整体形象[①②]。

　　无论是智慧城市的建设还是在此基础上的智慧旅游的建设，其根本宗旨都在于用智慧为人类创造更加舒适幸福的生活环境，让美好生活真正成为人们触手可及的现实，而非虚无缥缈的南柯一梦。

　　人类的想象力借助科技的力量得以实现，科技在一次次满足人们美好生活的向往中获得重生。智慧给人自由，城市创造文明，旅游赋活灵魂。在未来，时空的阻隔已不再是问题，一切禁锢想象力的牢笼都将被打破，人类终将克服重重阻碍，用智慧创造美好生活。

第二节　智慧旅游的"智慧"之处

　　智人统治世界，是因为只有智人能编织出互为主体的意义之网；其中的法律、约束力、实体和地点都只存在于他们共同的想象之中。

——尤瓦尔·赫拉利《未来简史》

一、旅游与信息化

　　智慧旅游是旅游信息化高级智能化阶段的产物[③④]，以更加面向应用、用户和旅游产业升级为目标，代表着旅游科技综合运用的主要方向[⑤]。旅游信息化建设是打造智慧旅游的重要前提[⑥]，也是智慧旅游发展的基石[⑦]。智慧旅游最根本的属性是旅游信息服务[⑧]，旅游信息化水平也是衡量旅游业发展水平的重要标志之一。

---

　　① 周娟，金鹏. 宁波智慧城市背景下的智慧旅游建设策略［J］.经营与管理，2013（11）：132－134.
　　② 杨晓红.基于智慧城市建设的智慧旅游发展研究［J］.东方企业文化，2014（2）：168－169.
　　③ 李庆雷，白廷斌.论旅游经济的有智增长模式［J］.四川师范大学学报（社会科学版），2012，39（5）：102-109.
　　④ 任瀚.智慧旅游定位论析［J］.生态经济，2013（4）：142-145.
　　⑤ 李庆雷，白廷斌.论旅游经济的有智增长模式［J］.四川师范大学学报（社会科学版），2012，39（5）：102-109.
　　⑥ 王清荣，秦胜忠.智慧旅游与桂林国际旅游胜地核心竞争力的提升［J］.社会科学家，2014（5）：102-106.
　　⑦ 李梦."智慧旅游"与旅游信息化的内涵、发展及互动关系［A］.中国旅游研究院.2012中国旅游科学年会论文集［C］.北京，2012：211-27.
　　⑧ 李云鹏，晁夕，沈华玉.智慧旅游：从旅游信息化到旅游智慧化［M］.北京：中国旅游出版社，2013.

我国的旅游信息化建设相比西方要晚，但发展速度快，且逐渐超过西方。到目前为止，我国的旅游信息化建设历程大体分为四个阶段。

第一阶段是准备阶段（1981~1992年）。中国国际旅行社总社有限公司引进美国PRIME550型超级小型计算机用以数据统计及处理，此举正式揭开了我国旅游行业信息化的序幕。从此，旅游景区、旅行社、城市旅游局等都纷纷开始建立自己的网站，实现了旅游信息化从无到有的跨越。

第二阶段是起步阶段（1993~2000年）。该阶段以"国家金旅工程"为主要目标，尤其是1993年年底以建设中国的"信息准高速国道"为目标的国家重大电子信息工程"三金工程（金桥、金卡、金关）"的启动，我国国民经济信息化在全国范围内广泛开展，此阶段通过的《国家信息化"九五"规划和2010年远景目标》为我国的信息化建设工程指明了道路。

第三阶段是发展阶段（2001~2010年）。该阶段互联网的应用颠覆着各行各业的经营模式，极大地推动了信息化进程。旅游行业从旅行社和酒店开始，一股互联网应用风潮快速席卷，从而建立了包括内部管理系统、信息发布系统、在线预订等功能的电子商务模式。

第四阶段是推进阶段（2011年至今），移动互联网的出现又为旅游信息化的发展注入了新动力、提供了新方向。移动设备拉近了用户与互联网的距离，大大便捷了信息的获取。同时，目的地管理机构开始开发和推广终端应用，旅游电子商务平台的火爆，也大大加快了旅游信息化的发展。

到现在，旅游信息化的发展方兴未艾，且正在往更高的水平进发。物联网、区块链、大数据的应用促进了智慧旅游数据平台的建设，为旅游景区、旅游城市管理带来了新技术，VR、AR、XR等技术的应用也颠覆了传统的旅游模式，开发了旅游新业态，同时在"新冠"疫情之下，"云旅游"技术也离不开信息化。

如果说过去互联网与旅游业的结合是旅游业的第一次革命，那么目前大数据、物联网等技术将会带来旅游业变革的第二次跨越。旅游信息化的模式，正在随着物联网、云计算的带动不断飞升，从旅游业态、旅游管理、旅游服务等方面都产生着质的飞跃。

如果将之前的旅游信息化看成一种相对狭义的技术应用，那么智慧旅游则是基于信息化发展而来的旅游业态的转型升级和发展理念上的创新突破；如果将之前的旅游信息化建设视作一种"术"的铺垫，那么智慧旅游建设则是一次"道"的构建。

二、智慧旅游与智能旅游

在旅游学界，"智慧旅游"与"智能旅游"的名号之争一直是讨论的热点。旅游从业者、旅游研究者在智慧旅游概念刚提出时一直争论不休。尽管在日常使用中可以各凭喜好，但在政府主管部门层面，作为一个行业的新业态、作为一项事关产业发展方向的全国性系统工程，应该只有一个规范的、统一的专门用语，以利于规范化建设与管理[①]。

"智慧"一词早在 2000 多年前就已出现，《墨子·尚贤》中便提到"若此之使治国家，则此使不智慧者治国家也"。《博弈圣经》中对于智慧的定义是文化进程中独创的执行力，《新华词典》将智慧定义为人辨析判断和发明创造的能力。

智能，中国古代思想家一般把"智"与"能"看作两个相对独立的概念。《荀子·正名篇》中说道："所以知之在人者谓之知，知有所合谓之智。所以能之在人者谓之能，能有所合谓之能。"其中，"智"指进行认识活动的某些心理特点，"能"则指进行实际活动的某些心理特点[②]。一般认为智能是知识和智力的总和，知识是智能的基础，智力是指获取和运用知识求解的能力。

"智慧旅游"与"智能旅游"到底哪个更适用于描述当前这一趋势现状，学界也是仁者见仁，智者见智。王兴斌（2012）认为，从旅游业的本质与特征而言，提"旅游智能化"更为妥帖，通过运用先进科技手段在旅游中提供方便、快捷、准确的智能化服务，弥补原始的人工服务的不足，同时把智能化与人工化结合起来，让游客在享受现代科技的程式化、智能化成果的同时，又能享受传统且具有地域或民族风情的人情化、个性化体验，使传统服务与现代科技有机对接，才是现代服务业的新境界、新天地。黄超、李云鹏（2011）认为智慧旅游就是智能旅游[③]。

总体来看，"智慧旅游"与"智能旅游"两者本身含义的差异并不大，且因较为抽象不利于获得其精确的含义，因此解读起来也难免存在差异。尽管称为"智能旅游"有其合理之处，但目前无论是在实践应用还是理论探索中，主流看法还是将其称为"智慧旅游"，并在此基础上进行内涵的深化和丰富，获得了广泛的关注和认同。

---

① 王兴斌."智慧"旅游，还是"智能"旅游？［N］.中国旅游报，2012-04-20（011）.
② 林崇德，杨治良，黄希庭.心理学大辞典.上海：上海出版社，2003：1704.
③ 黄超，李云鹏."十二五"期间"智慧城市"背景下的"智慧旅游"体系研究［C］.2011《旅游学刊》中国旅游研究年会会议论文集，2011：60-73.

三、智慧旅游的概念

从智慧城市到智慧旅游，智慧化已成为社会发展无可非议的必然趋势。当下人们旅游需求的升级，对数据处理速度与精确度的需求，以及旅游业转型升级等因素促使智慧旅游不断发展。从物理空间到日常活动，从宏观制度到微观细节，信息化不断伸展蔓延至生产生活的点点滴滴，在寂静中不知不觉地解构已有业态，又在喧嚣与泡沫中摸索新一代的游戏规则。认知它、剖析它、顺应它、把握它，才能真正在惊涛骇浪中顺势而动、顺时而为，最大限度地享受智慧化发展的红利。

我国真正提出并开展"智慧"系列建设不过是近十年的事，即使在当前"智慧"建设的理论探讨呼声热烈、响应广泛，实践发展风生水起、步伐加快的背景下，从其理论和实践上的发展状况看也仍处于初级阶段。期待与迷茫交织、热情与混乱同在是这一阶段躲不开的状态。"智慧"的兴起，迎来的是风口还是峭壁，其机遇和挑战又应如何把握，这些悬而未决的问题都有待我们从大处着眼、小处着手，持之以恒地共同推进，一步步拨开云雾见月明。

对智慧旅游进行分析的第一步便是对其概念进行界定。概念是反映事物的本质属性的思维形式，是对事物共同属性的概括[①]。2015年，国家旅游局发布的《关于促进智慧旅游发展的指导意见》中正式提出了"智慧旅游"的概念：运用新一代信息网络技术和装备，充分、准确、及时感知和使用各类旅游信息，从而实现旅游服务、旅游管理、旅游营销、旅游体验的智能化，促进旅游业态向综合性和融合型转型提升，是游客市场需求与现代信息技术驱动旅游业创新发展的新动力和新趋势，是全面提升旅游业发展水平、促进旅游业转型升级、提高旅游满意度的重要抓手。但在学术界，由于现阶段我国对智慧旅游的研究尚在早期，研究成果也滞后于实践，还未形成统一确切的智慧旅游定义，因此以下便对现有关于智慧旅游的概念研究进行梳理，尽可能清晰地展现当前百家争鸣局面的主要图谱。关于智慧旅游的概念，学界主要分为三派。

第一种观点认为智慧旅游是综合应用平台，如金卫东（2012）将智慧旅游定义为提供各种旅游公共服务的综合应用平台，该平台以云计算、物联网等高新技术为依托，以智能手机等各类设备为体验终端，集旅游目的地食、住、行、游、购、娱以及旅游相关各类资讯和服务于一体，为广大民众提供"各取所需"的服务[②]。任瀚（2013）也将智慧旅游视为是以物联网、云计算、移动通信技术、人工智能及其集成的基础的综合应用平

---

① 莫琨. 智慧旅游的安全威胁与对策探讨［J］. 旅游纵览，2013（2）：302-303.
② 金卫东. 智慧旅游与旅游公共服务体系建设［J］. 旅游学刊，2012，27（2）：5-6.

台[①]。翁钢民和李维锦（2014）认为智慧旅游的核心是充分应用云计算等集约型信息化发展技术，将大量旅游信息资源进行聚合，构建资源统筹、信息贯通、应用丰富的综合服务平台，建成一个开放式、覆盖各类用户、涵盖各类旅游业务的智慧旅游信息系统[②]。

第二种观点认为智慧旅游是对旅游信息的智能感知与应用，如黄超和李云鹏（2011）认为智慧旅游就是利用新兴信息技术和设备主动感知旅游资源、旅游经济、旅游活动等方面的信息，达到及时发布，及时了解、安排和调整工作计划，从而实现对各类旅游信息的智能感知和利用[③]；王辉、金涛和周斌等（2012）在其《智慧旅游》一书中也强调，智慧旅游最终要达到对各类旅游信息进行智能感知和方便利用的效果[④]。

第三种观点认为智慧旅游是一种旅游体验产品或（和）服务，如梁昌勇、马银超和路彩红（2015）认为智慧旅游是通过新一代信息技术，充分收集和管理所有类型和来源的旅游数据，并深入挖掘这些数据的潜在重要价值信息，这些信息为旅游管理决策者进行有效管理决策提供服务、为各营利团体利益提升与协作能力提供服务、为充分满足游客个性化需求和更优旅游体验提供服务[⑤]。李云鹏、胡中州、黄超和段莉琼（2014）也认为智慧旅游概念体系的核心是泛在化的旅游信息服务[⑥]。邓辉（2015）也更强调智慧旅游的活动属性和产品属性，他们认为智慧旅游是人们以智慧性产物或景象为吸引物，通过高技术手段的应用和智能化的互动体验，在激发智慧、感受智慧成果和进行智慧性创造过程中活动身心快感与审美愉悦的文化性活动，也是旅游目的地为满足游客智慧和创造性体验需求而提供的产品总和[⑦]。

近年来，也有学者从新视角定义智慧旅游。如李京颐、李云鹏、宁泽群和陈文力（2021）从理性选择视角重新认识智慧旅游概念，他们认为智慧旅游是旅游主体在面临多种选择时，通过技术和知识的有效运用，能够做出更加理性选择的旅游，即智慧旅游就是旅游主体能够进行更加有效选择的旅游[⑧]。学界对智慧旅游定义的观点分歧主要

①　任瀚.智慧旅游定位论析［J］.生态经济，2013（4）：142-145.

②　翁钢民，李维锦.智慧旅游与区域旅游创新发展模式构建——以秦皇岛为例［J］.城市发展研究，2014，21（5）：35-38.

③　黄超，李云鹏."十二五"期间"智慧城市"背景下的"智慧旅游"体系研究［C］//2011《旅游学刊》中国旅游研究年会会议论文集，2011：60-73.

④　王辉，金涛，周斌，等.智慧旅游［M］.北京：清华大学出版社，2012

⑤　梁昌勇，马银超，路彩红.大数据挖掘：智慧旅游的核心［J］.开发研究，2015（5）：134-139.

⑥　李云鹏，胡中州，黄超，段莉琼.旅游信息服务视阈下的智慧旅游概念探讨［J］.旅游学刊，2014，29（5）：106-115.

⑦　邓辉."智慧旅游"认知重构［J］.中南民族大学学报（人文社会科学版），2015，35（4）：33-38.

⑧　李京颐，李云鹏，宁泽群，陈文力.理性选择视阈下的智慧旅游概念及内涵［J］.旅游导刊，2021，5（5）：22-32.

集中在关注点的侧重和对其重要性的认知方面。但总体来看，学界普遍认为智慧旅游就是现代最新信息技术在旅游产业上的运用，通过物联网、云计算、便捷终端设备等主动感知旅游相关信息，智能地对旅游信息资源进行处理和开发利用，以满足旅游者在新时期更多个性化、多样化的服务需求。

虽然智慧旅游的定义尚未达成一致，但也存在诸多共识。例如，在技术层面上，学界都认同"智慧旅游"是以物联网、云计算和移动计算等高新技术为支撑平台；在面向主体上，都赞同"智慧旅游"是为旅客提供各种与旅游相关的信息，如旅游产品信息、游程虚拟体验等，方便旅客进行自主规划、个人定制旅游方案和增强旅游的愉悦感[①]；在作用价值上，都认可智慧旅游提升了旅游产业的科技含量和服务质量，促进了旅游服务个性化、管理智能化、信息对等化。

因此，从本质上看，智慧旅游的内涵包括以下三方面。第一，面向游客的服务。智慧旅游以游客体验为中心，满足游客个性化需求。第二，面向旅游机构的管理变革。智慧旅游创新了旅游企业的服务模式和旅游信息传播，提高旅游政府管理部门的管理效能。第三，信息技术深度融合。智慧旅游对物联网、云计算、移动通信技术等在内的智能技术综合应用，智能技术在智慧旅游起着基础性作用。

但也有学者指出，国内智慧旅游定义存在诸多不足。第一，各个技术的概念理解不清。将不同层面的技术归并在一起，理论知识体系混乱，需应用的核心技术类别不够明确。第二，服务对象不全面，智慧旅游提供的价值不明确，使受益主体范围不准确，难以构建真正的应用机制。第三，性质不明确。这导致其建设主体及运营主体缺失和错位，影响和制约了智慧旅游的推广应用[②]。

我国经济步入高质量发展阶段，智慧旅游也有了新的拓展。智慧旅游所依赖的核心技术早已从数据库和互联网转变为云计算和人工智能。乔向杰（2022）指出，我国智慧旅游技术应用从单纯的信息传递向价值传递、价值创造演进[③]。虚拟现实（Virtual Reality，VR）、增强现实（Augmented Reality，AR）、5G 等技术在旅游中的应用创造了旅游体验新产品。不仅如此，在"新冠"疫情期间，智慧技术发挥了巨大的作用，在居家隔离期间，为满足人民群众的出游需求，大批景区、博物馆及旅游目的地开启了"云旅游""云直播""云展览"等服务新模式，给予居家群众焕然一新的体验，也

---

① 黎忠文，唐建兵."数据流动"视角下智慧旅游公共服务基本理论问题探讨［J］.四川师范大学学报（社会科学版），2015，42（1）：48–53.
② 黄思思. 国内智慧旅游研究综述［J］.地理与地理信息科学，2014，30（2）：97–101.
③ 乔向杰. 智慧旅游赋能旅游业高质量发展［J］.旅游学刊，2022，37（2）：10–12. DOI：10.19765/j.cnki.1002–5006.2022.02.006.

正式开启了虚拟旅游时代。

我国"智慧"旅游起步尚晚，但发展迅速，如此快速的增长难免会有众多不周全的地方。吴洪梅（2022）认为，大数据背景下，我国智慧旅游管理存在信息基础设施不足、数据资源价值未充分挖掘、优秀专业人才不足等问题[①]。鲁娜（2022）指出，智慧旅游的发展没有考虑到老龄群体的利益，老年人的"数字鸿沟"问题始终没有解决；虽然"互联网预约购票""扫码入园"等便民体验确实是提高了入园效率，但智能设备的"适老化"应用问题越发明显[②]。智慧化与人性化兼具，仍是旅游管理部门应当考虑的重要问题。

智慧旅游是旅游业革命性的转型升级。张凌云认为智慧旅游是转变旅游增长方式的新路径[③]。智慧旅游是从旅游大国到旅游强国的必经之路，有助于我国旅游业形成跨越式发展格局，进入旅游发达国家同等水平的分工体系。技术本身可以成为一种提高管理和服务效率的手段，但其本身不生成智慧，只有人为地赋予其深层管理和服务的理念，将抽象的"智慧"与科学的技术有机结合，才能真正推动游客个性化、高质量旅游体验和便利高效旅游管理的形成。

四、智慧旅游的特征

（一）全触角感知

智慧旅游是全面感知的旅游，所有涉及旅游产业运行和游客需求的各方面都能够被有效地感知和监测，遍布各处的智能设备能够源源不断地将感测数据收集起来。同时，游客可通过景区旅游公共服务门户链接景区内的智能感知终端，进行虚拟旅游，如对景点的 360° 全景浏览和实时实景体验，获取身临其境的感觉、丰富的景区资讯以及对景区的评价。随着新技术的发展，这些感知设备越来越精密、越来越普及，成本也越来越低，可以将它们大规模投入到旅游系统中，实现实时感知，推动产业发展。

（二）多渠道互联

在传统旅游信息化背景下，信息以部门为中心进行组织，景区发布景点信息，宾馆酒店发布住宿信息，构建了一个个孤立的信息系统。智慧旅游是一个相互联通的有机体，所有这些智能设备被互联起来整合成一个大系统，它们所收集的数据能够被充分地整合起来。

---

① 吴洪梅.大数据背景下智慧旅游管理模式的构建［J］.现代企业，2022（2）：33-34.
② 鲁娜.智慧旅游适老化改造"一直在路上"［N］.中国文化报，2022-01-13（006）.
③ 张凌云.智慧旅游：个性化定制和智能化公共服务时代的来临［J］.旅游学刊，2012，27（2）：3-5.

智慧旅游能够克服传统信息服务体系的弊端。旅游地在游客的信息服务体系方面存在诸多弊端。例如，一般只能提供静态信息，对游客需要的动态信息往往囿于信息采集渠道不够通畅而无法提供或提供的信息滞后；旅游集散中心提供的一般是常规的旅游产品信息而无法满足游客个性化信息需求；旅游信息因行政管辖区域"条块分割"出现割裂。智慧旅游借助移动终端设备，可以很好地整合目的地相关服务并推送给游客，实现旅游信息在旅游目的地层面的互联互通，目的地旅游服务企业和主管部门可以获得旅游运行的实时全图，为科学决策提供依据。

（三）大数据挖掘

智慧旅游作为一种新兴的旅游发展理念，其本质就是满足游客多元化的信息需求和体验需求。通过对数据进行深入挖掘收集、精准化分析预测和可视化呈现，快速准确地梳理出价值信息，依托大数据对游客市场的细分和旅游管理的智能分析，如基于对历史数据和游客画像的智能分析，为游客推送个性化旅游产品和定制化的智能线路优化等。这有利于旅游行业的形象和服务管理水平实现跨越式提高，形成一种全新的可持续发展模式。

（四）精准化预测

智慧旅游可以实现数据的差异化处理，将处理后的定制化信息通过智能平台向游客或管理部门进行主动推送，并注重吸引旅游者主动参与旅游的传播和营销，并通过积累旅游者数据和旅游产品消费数据，逐步形成新媒体营销平台。同时，诊断旅游营销和推演的可行性项目，针对潜在游客进行精准营销，提升客源市场转化率。

智慧旅游基于物联网、移动互联网、人工智能等新一代技术，使信息以游客为中心进行组织，利用以人为本的服务方式，打破了传统的信息孤岛，实现了信息系统的互联互通和信息共享，减少了旅游服务提供者（如景区）和游客之间的信息不对称，使旅游服务提供者更加方便地了解游客需求，进而有效安排服务时间、数量和内容，游客也能通过多种接入方式全程无差别享受信息化服务，获得更加愉悦的体验[①]。游客的亲身体验和评价结果也将成为智慧旅游建设成败的根本。

五、智慧旅游的意义

与其说智慧旅游在我国的起步缘起偶然，不如说这是一场万事俱备，只欠东风的深谋远虑。随着技术支持、群众使用基础等应用载体逐步完整，消费需求寻求创新，

---

① 李伟. 智慧旅游：大数据助推旅游业提质增效［EB/OL］.中华建设网，2017-04-01.http://www.sohu.com/a/131475282_457595.

企业转型寻求突破，在巨大的市场支撑和强大的政策支持下，智慧旅游逐渐浮出水面，为旅游业的革新寻求突破、赋活生机、增添动力。

智慧旅游丰富了产品供给。智慧旅游在科技赋能下，不断创新产品展示手段和旅游业态，为人们提供了更加丰富的旅游产品。例如，酒店业的智慧化——自助入住、自助退房、酒店送餐机器人等的应用，使得未来酒店的实现不是梦；声光电等技术在旅游演艺上的应用，给予观众美妙的沉浸式体验；基于 VR、AR、AI、XR 等技术打造的主题公园，散发着浓浓的未来科技感。

智慧旅游提升了旅游服务。智慧旅游背后的大数据技术为游客提供高效的预约服务，在"新冠"疫情之下发挥了巨大的作用。例如，全国联网的身份核验系统，高铁火车出行实现无纸化车票，疫情防控推出的"健康码"与"行程卡"能够瞬间了解游客的健康状况与行程行踪，为疫情防控提供了巨大的支持。另外，景区推出的自助讲解、地图导航等能够使游客精准获取自己想要的信息，提升了游客的旅游体验。

智慧旅游提升了管理效率。智慧旅游提高了数据的处理速度，打通了旅游前台与后台之间沟通渠道。例如，旅游线上投诉平台，不仅使游客投诉有"门"，而且使相关部门能够快速地处理投诉信息，还可以定期进行数据统计，从而对旅游服务的薄弱环节进行重点改进。旅游行业信用监管平台，有效约束了企业的不守信行为，构建了信用奖惩机制，遏制了旅游服务中"宰客""欺客"等不正之风，保障了游客权益。

分析智慧旅游的意义，也可以从其面向和使用的对象来看，智慧旅游的建设主要作用于游客出游、企业经营、政府管理、人才教育等方面。对于游客，智慧旅游是解决并满足其个性化需求的必然选择和获得旅游公共产品和服务的主要渠道；对于企业，智慧旅游将促进其形成由线下服务转变为线上线下相结合、相辅相成的经营模式，并更加充分地展示其形象和产品，加快对旅游资源的深度开发和旅游创意产品的打造，进一步放大其综合效益；对于政府，智慧旅游有助于其完善旅游公共服务，提升管理与服务的效率；对于涉旅人才培育，智慧旅游可以创新人才培养方式和内容，以适应不断变化的旅游现状[①]。

智慧旅游就是要通过互联网、物联网、通信网络平台的支持和多种先进信息技术的应用，为政府主管部门提供决策依据，提高政府的工作效率，由传统政府向电子政府过渡。智慧旅游可以为旅游企业提供及时的旅游信息，为企业的市场营销、线路设计提供技术上的支持；也可以为旅游者个人提供旅游地与旅游有关的各种旅游信息和

---

① 金卫东. 智慧旅游与旅游公共服务体系建设［J］. 旅游学刊，2012，27（2）：5-6.

预订服务，并可针对旅游者的喜好为旅游者定制特色线路，同时虚拟现实技术可让旅游者提前进行体验；更可以为旅游专业院校的学生提供虚拟的实习环境，为旅游教学服务。

智慧旅游是对传统旅游的一种提升，其主要目的是感知旅游者、旅游资源、旅游经济、旅游活动等方面的信息，并及时传送和挖掘分析。这样一方面提升了旅游体验和旅游品质，另一方面引导旅游企业策划对应的旅游产品，并推动整个旅游产业链的创新营销，改变整个旅游走之前"一无所知"，走之后"胆战心惊"，回来后"一无是处"的局面[①]。

六、"智慧"的表现

智慧旅游的"智慧"体现在"旅游服务的智慧""旅游管理的智慧""旅游营销的智慧"这三大方面。

（一）旅游服务的智慧

智慧旅游通过信息技术提升旅游体验和旅游品质。智慧旅游通过基于物联网、无线技术、定位和监控技术，实现信息的传递和实时交换，搭建起游客与服务供应商以及管理者之间的密切联系，从而围绕游客个性化需求搭建服务平台和共生系统，促进旅游公共服务从"被动管理"到"主动管理"，实现信息共享、消费预订和后期评价的"4V"——大量（Volume）、多样（Variety）、价值（Value）、高速（Velocity）[②]。

服务智慧包含的内容方方面面。旅游公共服务通过微博、微信公众号、小程序、手机 App 等多种渠道，为个体、组织或企业提供多元的公共服务需求，并通过大数据监测，使公共资源配置最优化[③]。

目前，已有众多省份开展了智慧旅游公共服务建设的尝试。例如，继"一部手机游云南"之后云南省打造的"数字云南"工程，成为推动高质量跨越式发展的重大举措。其中的"游云南App"功能丰富，游前观看"慢直播"选择旅游目的地，提前感受云南之美；游中刷脸入园、语音导览、找厕所等功能让你畅游无阻；游后一键投诉、退货功能解决后顾之忧，智慧机场数字平台依托华为云，融合 AI、视频、大数据等新

① 高振发，刘加凤.智慧城市背景下智慧旅游基本内涵的诠释［J］.宁波职业技术学院学报，2013，17（5）：70-73.

② 李萌.基于智慧旅游的旅游公共服务机制创新［J］.中国行政管理，2014（6）：64-68.

③ 乔向杰.智慧旅游赋能旅游业高质量发展［J］.旅游学刊，2022，37（2）：10-12.

技术，实现登机全环节秒级验证、无感畅行，旅客"一张脸走遍机场"[①]。另外，还有北京市延庆区的"长城内外"、苏州市的"君到苏州"、南宁市的"乐游南宁"等智慧旅游公共服务平台，都为游客带来了更好的旅游品质保障，让游客的旅游过程更顺畅，提升了旅游的舒适度和满意度。

（二）旅游管理的智慧

智慧旅游正在从传统旅游管理方式向现代管理方式转变的"康庄大道"上前进。2022年，国家智慧旅游建设工程着力推进智慧旅游"上云用数赋智"行动计划，该计划提出提升旅游行业监管效能，完善5G基站、大数据中心等数字基础设施，推动文旅资源的数字化转化与旅游企业的数字化运营和管理，全面提升行业的数字化应用水平，构建以互联网、物联网、大数据等为支撑的旅游行业监管平台，快速呈现旅游目的地、旅游企业的运营、客流动向，旅游投诉等内容，帮助旅游管理者快速做出监管预判和监管决策，极大提升了监管效能[②]。

现代先进的科技设备助力智慧管理更加完善。网络技术、云技术、传感器技术、射频技术、网络技术、智能信息处理技术、云计算等成为城市运营管理工具，通过计算机远程访问系统设置的政府旅游部门子平台，可以准确了解辖区内各个旅游景区的运营情况，实现对旅游景区的实时监控，预测景区未来的运营状况[③]。

智慧旅游还鼓励和支持旅游企业广泛运用信息技术，改善经营流程，提高管理水平，提升产品和服务竞争力，增强游客、旅游资源、旅游企业和旅游主管部门之间的互动，高效整合旅游资源，推动旅游产业整体发展。

（三）旅游营销的智慧

智慧旅游推动粗放式营销向精准式营销发展。智慧旅游从管理工具入手，通过实时检测、数据分析、数据可视化等应用场景将大数据与实施需求连接起来，挖掘旅游热点和游客兴趣点，为旅游管理者提供决策依据[④]。依据大数据平台，旅游企业可以充分挖掘用户信息，包括性别层次、客源地结构、出游时间、出游动机、消费偏好、景区选择偏好等信息，更加精确地划分旅游市场[⑤]。智慧旅游拓展了旅游新媒体营销渠道，微信公众号、App、微博以及小程序等主流应用平台，抖音、快手等短视频直播平台也

① 段晓瑞.数字赋能　乘"云"而上［N］.云南日报，2021-11-25（004）.DOI：10.38259/n.cnki. nynrb.2021.006728.

② 吴丽云.实施国家智慧旅游建设工程　助力旅游业高质量发展［N］.中国旅游报，2022-01-18（003）.

③ 吴洪梅.大数据背景下智慧旅游管理模式的构建［J］.现代企业，2022（2）：33-34.

④ 曲凯.大数据在全域旅游智慧营销应用上的探讨［J］.旅游学刊，2017，32（10）：9-10.

⑤ 张建涛，王洋.大数据背景下智慧旅游管理模式研究［J］.管理现代化，2017，37（2）：55-57.

成了旅游推广与营销的新阵地。

另外，基于数字化的旅游营销方式还包括地方文化旅游景点与具有一定影响力的知名网络平台达成深入合作，如利用有声故事资源与高德、百度等数字地图平台合作，又如与类似携程、途牛、驴妈妈等的大众旅游服务公司合作，让旅游信息通过大众平台在更大的范围内被推广[①]。智慧营销更加注重精准化、碎片化、移动化，还充分利用新媒体传播特性，吸引游客主动参与旅游的传播和营销，并通过积累游客数据和旅游产品消费数据，逐步形成自媒体营销平台。引导旅游企业策划对应的旅游产品，制定对应的营销主题，从而推动旅游行业的产品创新和营销创新。

第三节　国内外智慧旅游发展演进

一、国外智慧旅游的理论演进

伴随着信息技术的兴起，国外对智慧旅游的讨论开始较早。Phillips（2000）提出智慧旅游，他认为智慧旅游是采取全面、长期、可持续的方式进行规划、开发、营销旅游产品和经营旅游业务，并在旅游所承担的经济、环境、文化、社会等每个方面进行卓越努力[②]。Tranos 和 Gertner（2012）认为智慧旅游即信息技术手段与旅游产业的结合[③]。Gretzel，Sigala ＆Xiang（2015）认为智慧旅游是结合智慧旅游景区、智慧商业生态系统和智慧体验，通过信息通信技术、物联网等技术基础，开放创新、服务主导逻辑、服务科学等商业基础，为游客提供更符合顾客需求的旅游服务，增强了游客的旅游体验[④]。Li，Hu，Huang & Duan（2017）则强调智慧旅游是一种在信息服务和全方位技术背景下的个体旅游支持系统[⑤]。

国外在描述分析智慧旅游时侧重于是一种信息技术在旅游业的智能化应用所带来的一系列变化和影响，着眼点更为具象化和应用化，较少涉及抽象化的理论内涵和战

---

① 沈嵘. 文旅融合背景下公共数字文化助力智慧旅游的应用研究［J］. 文化产业，2021（34）：49–51.

② Phillips G. The tourism industry association of Canada［EB/OL］，［2020–11–20］.http://www.slideshare.com，2000.

③ Tranos E，Gertner D.（2012）Smart networked cities?［J］.The European journal of social science research，25（2），175–190.

④ Gretzel U，Sigala M，Xiang Z，et al.（2015），Smart tourism：foundations and developments［J］. Electronic Markets，25（3）：179–188.

⑤ Li，Y.，Hu，C.，Huang，C.，& Duan，L.（2017），The concept of smart tourism in the context of tourism information services. Tourism Management，58，293–300.

略性的设计框架。

国外对智慧旅游的相关研究分析持续深入开展。本书分别以"Intelligent Tourism"和"Smart Tourism"为关键词在Science Direct中搜索外文文献，这种搜索方式虽不够全面完整，但能够通过对部分文献的分析了解有关研究的大致图谱概况，是一种相对便捷高效的方式。截至2021年12月31日，在Science Direct分别检索到"Intelligent Tourism"相关文献4218篇，"Smart Tourism"相关文献7219篇，其中英文文献占到95%以上，以下便从其年份分布、学科分布等方面进行简要分析。

通过对4218篇"Intelligent Tourism"相关文献进行梳理得到其年份分布状况（见图1-1）。可以看出，从20世纪末（1998年）开始，相关研究就已开展，这主要得益于互联网技术、人工智能、云计算及大数据技术的不断成熟和旅游行业的快速发展。随着信息技术在旅游行业的逐渐渗透和应用，相关文献的数量大致呈缓慢增长态势，在2018年后呈飞速发展态势。

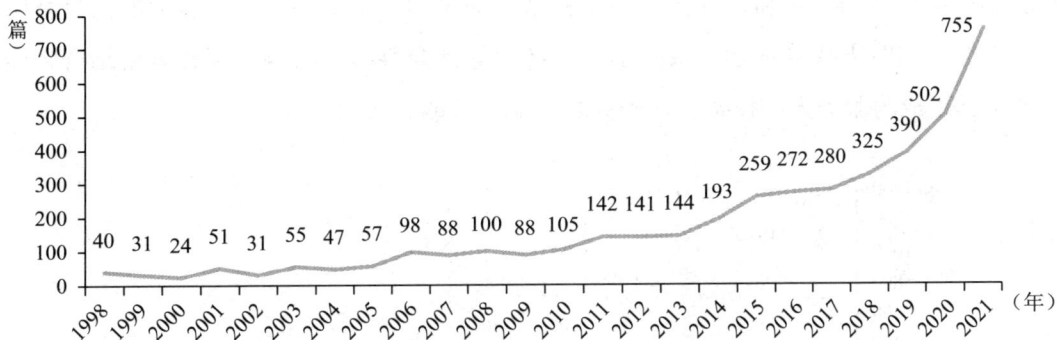

图1-1 "Intelligent Tourism"相关文献年份分布

通过对7219篇"Smart Tourism"相关文献进行梳理得到其年份分布状况（见图1-2）。可以看出，相关研究的开展从1998开始，其发展呈现波浪式上升态势，并在2014年之后呈迅速增加趋势。

由于所得文献有限，所以对这一趋势的把握尚不精确，但能总体看出，国外智慧旅游的有关分析起步较早，持续时间较长且逐渐深入，较少的检索量也说明相关研究还有较大发展空间，仍需不断深入。

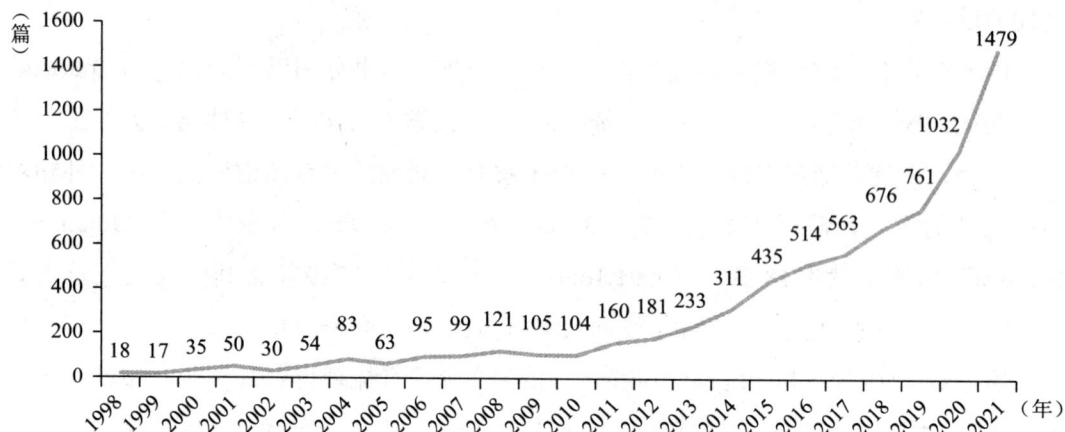

图1-2 "Smart Tourism"相关文献年份分布

从涉及学科分布来看（见图1-3、图1-4），智慧旅游研究方向以社会科学、工商管理的文献数量较多，其次有计算机科学和环境科技等方面。可以看出，智慧旅游的发展是社会科学类学科和工程技术类学科密切融合的旅游形态，需要强大的信息技术作为支撑，同时需要管理学、旅游学、经济学等社会科学的引导，两者紧密结合才能让技术真正成为服务人的技术，让服务真正成为智能高效的服务。

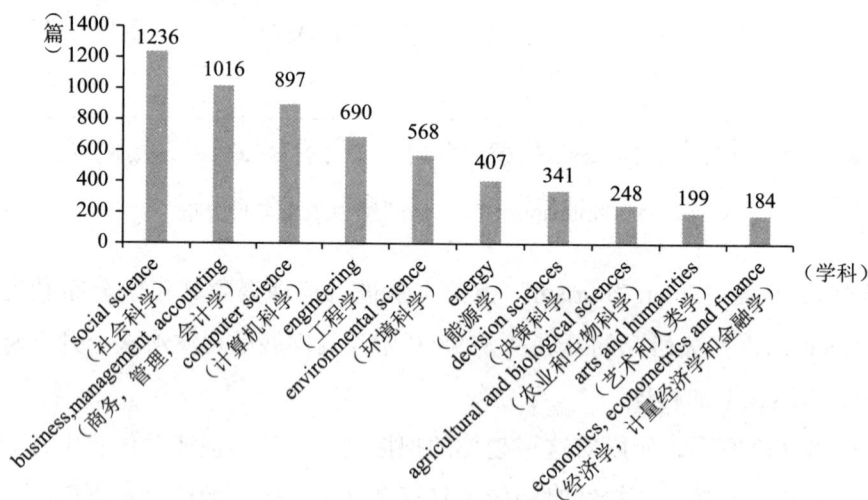

图1-3 国外"Intelligent Tourism"研究主要学科分布

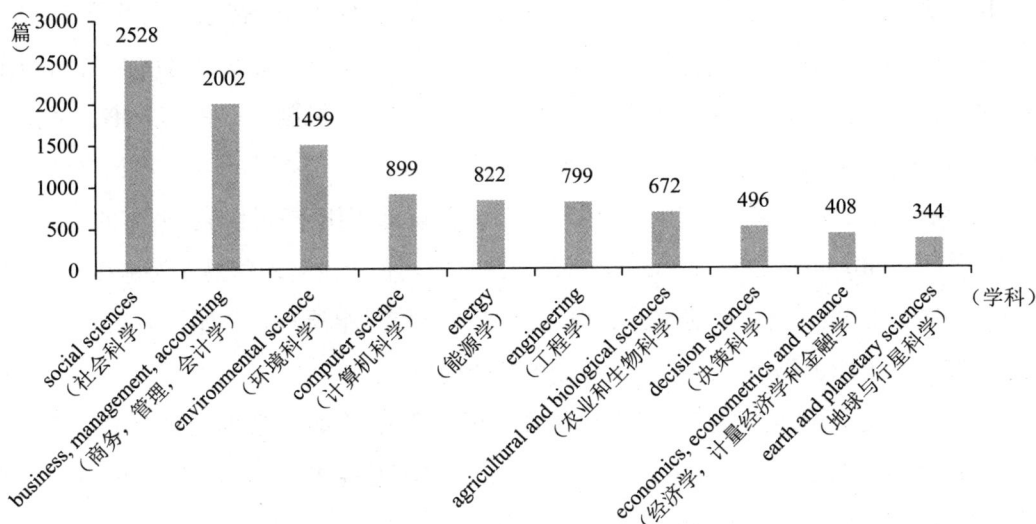

图 1-4 国外 "Smart Tourism" 研究主要学科分布

自 1980 年起，国际旅游研究的学者一致认同信息科技的出现将改变旅游业的惯例、策略和整个行业的结构（Buhalis & Law，2008）[1]。随着信息科技迅速发展，应运而生的计算机预订系统（Computer Reservation Systems）、全球分销系统（Global Distribution Systems）以及互联网在旅游业的逐渐普及，更进一步奠定了"旅游信息化"的重要性。Mahmood & Ricci（2009）着重研究了智能人机对话系统[2]。Ascaniis & Morasso（2011）研究旅游信息搜索过程中系统的人机友好性[3]。Martin 等（2011）研究了手机软件在智慧旅游中的应用[4]。Varfolomeyev, Korzun, Ivanovs, Soms, Petrina（2015）提出了在智慧空间基础上为旅游开发商和个人旅游者创建推荐服务[5] Huang, Goo, Nam & Yoo（2017）探索了智慧旅游技术在旅游规划中的作用，智慧旅游技术刺激游客进行探索性和开发性使用，但也激发了游客对于私密性于安全性的担忧[6]。

① Buhalis D，Law R.（2008），Progress in information technology and tourism management：20 years on and 10 years after the Internet—The state of e-Tourism research［J］. Tourism Management，29（4）：609-623.

② Mahmood，T.，& Ricci，F.（2007），Learning and adaptivity in interactive recommender systems. Proceedings of the Ninth International Conference on Electronic Commerce – ICEC，（07）：75-84.

③ Ascaniis S D，Morasso S G.（2011），When tourists give their reasons on the web：The argumentative significance of tourism related UGC［C］. Information and Communication Technologies in Tourism，125-137.

④ Payton F C，Morais D B，Heath E，Martin K.，（2011）. The START – Network：ICT & Mobile Applications［J］. Proceedings of SIG GlobDev Fourth Annual.

⑤ Varfolomeyev A，Korzun D，Ivanovs A，Soms H，Petrina O.（2015），Smart Space based Recommendation Service for Historical Tourism［J］. Procedia Computer Science，77，85-91.

⑥ Huang C.，Goo J，Nam K，Yoo C W（2017），Smart tourism technologies in travel planning：The role of exploration and exploitation，Information & Management，54（6），757-770.

随着新技术在旅游行业的不断应用，也引发了学术界对新型智慧旅游的思考。Li, Jing（2021）提出了基于区块链的智能旅游平台 Block Tour，该平台将旅游公司与游客连接起来，将游客与景点连接起来，建立了有效的共识机制，以提高效率、降低成本[①]。Kontogianni, Alepis, Patsakis（2022）提出通过深度学习和基于神经网络的协同过滤模型在智慧旅游的背景下生成个性化建议，并设计了用于预测游客偏好的 ANN 模型架构[②]。Tavitiyaman, Qu, Tsang & Lam（2021）调查了游客对智慧旅游应用的感知，并证明了智慧信息系统、智能观光、电子商务系统和智能预测 4 个属性对游客目的地形象感知产生了积极影响，并增强了他们的行为意图[③]。

面对"新冠"疫情，也有不少学者研究了智慧旅游如何帮助目的地进行复苏。Cranmer, Tom Dieck & Fountoulaki（2020）探索了增强现实技术对旅游业价值，并通过专家访谈法，构建了 AR 价值维度[④]。Bulchand-Gidumal（2022）讨论了"新冠"疫情后期恢复岛屿旅游的智慧旅游目的地框架，并制定了涵盖 6 个领域和 18 个维度的智慧旅游车轮框架[⑤]。国际更加注重智慧旅游设施设备及技术的应用，以游客深度参与、游客与旅游目的地的深层次关系等为关注点，探索智慧旅游所能给旅游业带来的利益。

国外并没有对旅游信息化和智慧旅游进行明确区分，其存在只是用来描述当前旅游智能化发展的一种形态，它渗透在技术发展对旅游各要素及主体的智能化改善上，致力于让每位游客都能享受到科技的便利与乐趣，通过诸多对具体细节的点滴改进形成整个旅游行业智能化改革的强大推力，以真正实现可持续的旅游业。

Cornelissen（2017）认为，智慧旅游改变了交换对象、市场参与者、市场结构、市场机制和市场实践 5 个市场基本元素[⑥]。人工智能、机器学习、物联网、区块链等技术在旅游领域得到利用，显著改善了生活质量，也见证了信息与通信技术在获取与传输数据方面的重要性。例如，人工智能有助于数据的积累及其与全球使用平台的数据库

---

① Li L, Jing Z.（2021），BlockTour：A blockchain-based smart tourism platform, Computer Communications, 175, 186–192.

② Kontogianni A, Alepis E, Patsakis C.（2022），Promoting smart tourism personalised services via a combination of deep learning techniques, Expert Systems with Applications, 187, 115964.

③ Tavitiyaman P, Qu H, Tsang W, Lam C.（2021），The influence of smart tourism applications on perceived destination image and behavioral intention：The moderating role of information search behavior［J］. Journal of Hospitality and Tourism Management, 46, 476–487.

④ Cranmer E., M. Tom Dieck C, Fountoulaki P.（2020），Exploring the value of augmented reality for tourism, Tourism Management Perspectives, 35, 100672.

⑤ Bulchand-Gidumal J.（2022），Post-COVID-19 recovery of island tourism using a smart tourism destination framework［J］. Journal of Destination Marketing & Management, 23, 100689.

⑥ Cornelissen S.（2017）. The Global Tourism System：Governance, Development and Lessons from South Africa［M］.

和分析支持的集成，人工智能有助于对潜在游客进行详细的心理分析，通过使用谷歌分析等平台进行大数据分析，提高客户利益的准确性。

国外相关研究多基于市场的视角，在看到 ABC 技术（人工智能 AI，大数据 Big data 和云计算 Cloud Computing）改进了出游体验的同时，也认识到其对整个旅游行业所产生的革新。基于技术改进的智慧旅游的推进将引起一系列商业模式的重组，技术所带来的信息不对称的大大减少将给对信息高度依赖的旅游业产生剧烈深远的影响。同时新技术的全面应用也将带来旅游形式的多样化和个性化，在对旅游业内部进行新一轮重组整合的同时给综合性极强的旅游业带来全方位、多领域的产业延伸。

探讨 ABC 等科技对旅游行业的应用无疑是国外智慧旅游研究的重点。这是旅游业实现"智慧"的根基和手段，也是当前国外学术界研究的主要方面。智慧旅游的影响远超技术本身，会从深层次影响整个行业的生态和运行模式，一系列依赖信息不对称或信息垄断获得利润的传统商业模式及基于互联网经济发展起来的新型商业模式将在这场科技浪潮下留下极具时代感的特殊印记。对任何遭受这场浪潮席卷的企业而言，无疑都是机遇与挑战并存，在日新月异的时代，改变本身就是常态和别无选择的必经之路，这不仅是一场技术激战，更是一场思维博弈。

二、国外智慧旅游的实践演进

国外将信息技术应用于旅游业研究和实践的比较多。美国是较早将智慧旅游概念进行应用的国家之一。

2005 年，斯丁波滑雪场推出的游客定位装置反馈系统，开启了北美智慧旅游的尝试。2006 年，美国宾夕法尼亚州波科诺山脉度假区将射频识别技术（Radio Frequency Identification Technology）运用于接待行业。旅游者携带射频识别手腕带进行酒店入住、结账、开启房门、购买餐饮服务和纪念品的操作，旅游项目的费用支付也可使用手腕带进行操作[①]。2008 年，IBM 公司提出"智慧地球"愿景，随后提出"智慧酒店（Smarter Hotel）"解决方案。该方案在酒店服务每一个细节都融入了智慧科技，并划分为后台的集中化管理、云前台、自助进店和离店等模块，为顾客提供下载的酒店预订与服务的 App（Application 的简称）程序、楼宇自动导航、Wi-Fi 网络、基于物联网技术的客房设备、远程会议服务等功能，以减少服务流程、提高管理效率、降低运营成本，为住客提供最全面的住宿体验。

---

① 付业勤，郑向敏.我国智慧旅游的发展现状及对策研究［J］.开发研究，2013（4）：4.

2009 年开始，欧盟主要国家都开始着力开发远程信息处理技术，建立覆盖全欧的旅游交通无线通信网络，包括旅游信息系统、游览车运行调度系统、游览车安全控制系统等，实现智能化的旅游交通导航、信息发布、安全提醒、应急管理等功能[①]。

2015 年开始，美国大量进行虚拟旅游建设。其中虚拟旅游网站占到了旅游网站数量的 60% 左右，且据调查，45% 的网络用户曾在网上有过虚拟旅游的经历。

此外，一系列旅游相关网站也以迅雷不及掩耳之势抢占在线旅游市场先机，在智慧旅游生态中积极布局：美国民间普通程序员基于上线的 Data.gov 网站数据开发了航班延误免费查询系统；Priceline 公司通过创造性的 C2B 逆向拍卖商业模式成为全球最大的在线旅游企业；Travel zoo 公司的 "Travelzoo 式营销" 独特性使其成为全球最大的、提供最多旅游特惠产品的在线平台。

三、典型国家智慧旅游开展概况

基于当前智慧旅游的建设主要分布于欧美及亚太地区的现状，本书选取英国、德国、美国、西班牙及新加坡为案例地，对其智慧旅游建设的部分实践展开介绍，期望从这些地区相对成熟的智慧旅游建设经验中得到些许启发和借鉴。

（一）英、德开发的 "智能导游"

2009 年，英、德两家公司在欧盟资助下协作开发了一款智能导游 App，旨在促进文化旅游发展。该软件以 AR（Augmented Reality，增强现实）为技术依托，让游客通过音频和视频的展示，"亲身" 体验淹没在历史长河中的灿烂文明。

当游客在景区游览时，只需用手机摄像头对准眼前的历史古迹，手机里的智能导游 App 自动开启图像识别技术，配合全球卫星定位系统判断位置，根据游客所在的角度，在手机上显示这处古迹在全盛时期的样貌，展示遗址上残缺部分的虚拟景象。例如，游客来到科洛西姆圆形竞技场，就能从手机里看到角斗士格斗的画面，随着游客走动，手机上的画面还能自动变化，如同亲身游览。此外，还有线路规划功能，通过交互线路规划工具，量身定制专属于游客自己的旅行方案，帮助游客定制专属出行线路，独辟蹊径，相当于一名全职导游。

目前，欧洲正在全面应用开发远程信息处理技术，计划在全欧洲建立专门的交通无线数据通信网，通过智慧的交通网络实现交通管理、导航和电子收费等功能，重点包括：旅行信息系统（ATIS）、车辆控制系统（AVCS）、商业车辆运行系统（ACVO）、

---

① 姜漓.广西特色旅游名县智慧旅游策略研究——以阳朔县为例［J］.中国经贸导刊，2018（26）：3.

电子不停车收费系统（ETC）等。

（二）新加坡旅客智慧卡

新加坡 2006 年就曾推出"智慧国 2015 计划"，确立"智慧化立国"发展理念，全面实施"从传统城市国家向'智慧国'转型"的发展战略。

前往新加坡旅游的游客可以申请一张"智慧卡"，该卡是生物认证科技的一项产品，可储存旅客的样貌、指纹或眼睛的虹膜影像。旅客可在自己的国家通过互联网订购新加坡旅游产品，新加坡有关部门便能电邮一个独特条形码（barcode）给该旅客，让他自行打印。当旅客抵达新加坡后，可持该条形码在海关办一张个人智慧卡，存入自己的指纹和样貌等生物特征。只要扫描智慧卡并核对生物特征，即刻就能核对持卡人的身份，就能实现享用无现金购物、轻松参观景点以及索取消费税回扣等，甚至可以免除出示护照和填写表格的麻烦，游客可以尽情享受在狮城的悠闲假期，回国后，还可以利用智慧卡通过互联网订购纪念品等。

（三）美国拉斯维加斯虚拟现实

拉斯维加斯是首先采用虚拟现实旅游吸引访客的旅游目的地之一。2016 年，拉斯维加斯推出了一个虚拟现实的联合应用程序，叫作 Vegas VR。LVCVA 与 Wemersive 合作推出这款 App，补充了浸入式的桌面体验，GeoVegas 提供了旅游景点、酒店等地的360° 视频旅游。

这款软件允许游客自行规划旅游行程。游客可以自己在 App 上进行选择并定制风格，并已经预制了为美食爱好者、初次到访者等规划行程，该 App 有一个探索中心，拥有多种多样的选择，方便到访的游客进行选择。这款 Vegas VR 应用程序对当前粉丝和未来客户来说都是技术上的一场革新，用户可以在虚拟环境中探索拉斯维加斯的景观，并获得预订自己的拉斯维加斯之旅的兴奋感。

（四）"智慧旅游之都"西班牙瓦伦西亚

2021 年 11 月，欧盟评审团从可到达性、友好度、可持续性、数字化程度、文化遗产、创新力等方面从欧盟 16 个国家 30 个城市中评选出"2022 欧洲智慧旅游之都"——西班牙瓦伦西亚。

瓦伦西亚开发了完善的智慧旅游系统。例如，通过精确的计算对碳足迹和水足迹进行全面核查，减少或抵消旅游业中的碳排放，并争取在 2025 年实现碳中和目标。在服务游客方面，瓦伦西亚推出了聊天机器人、智能信息咨询台等智能化交流设施，随时为游客提供服务。另外，瓦伦西亚在艺术设计与遗产保护方面做出的努力也让其更具魅力。

国外智慧旅游项目的建设，更注重以人为本，从游客角度出发，通过科技和互联网满足游客在特定场景下的旅游服务需求，丰富行程体验，提供个性化定制服务，并尽最大可能便利游客的旅程。但国外智慧旅游产品在旅游管理方面还有所缺失，如出现旅游纠纷及投诉该如何处理？政府如果要对旅游行业进行干预时，智慧旅游的功能如何发挥？在这些方面政府的管理职能尚未充分体现。并且，国外智慧旅游实践计划主要依靠政府补贴，智慧旅游商业模式到底如何尚未明确。

目前，发达国家如法国、英国、日本都将旅游部门与交通、文化、建筑、休闲等公共服务部门结合在一起设立，这些国家对旅游的职能定位十分清晰。同时，在旅游公共服务方面，政府投入很大，内容广泛，而且现代化程度高，随处可见"i"字符、大量免费旅游信息、针对不同游客提供旅游咨询服务以及由政府运营的各种旅游急救服务机构等。

智慧旅游的深入正深刻改变着我们对商业模式和战略的思考方式，并对行业生态带来深远而不可逆转的影响。智慧生态下的旅游企业采用开放的信息系统和商业模式，构筑动态、开放的智慧旅游商业生态系统，根据旅游消费情况以更加灵活的方法访问、混合、匹配、交换和整合资源，使产业内各利益相关者共同创造价值。

智慧旅游的画布已经展开，流光溢彩而又千姿百态。无论选择焦急等待、慌乱走开还是敞开胸怀，置身其中的每个人都不得不正视新时代的到来，伴着时代画布的展开留下自己的色彩。画布中会有浓墨重彩，也不乏黯然惨淡。画笔的归属权或许从不恒久，唯有目光如炬的智者得以傲然挺立于时代的滚滚洪流中。

四、国内智慧旅游的理论演进

智慧旅游最近几年才开始在我国兴起，无论是理论基础研究还是实践案例分析，从数量和质量上看都有较大的改进空间，处在刚刚起步的发展阶段。通过访问中国学术期刊网（CNKI）数据库，以"智慧旅游"为主题词进行精确检索，截至 2021 年 12 月 31 日，共检索出文献 5497 篇。以下便从时间分布、研究层次、关键词分布及共现网络、学科分布等方面对其进行简要分析。

通过对来源数据库中所得文献进行梳理，得到 5497 篇文献的时间分布状况（见图 1-5），国内学者自 2009 年"智慧旅游"概念被提出开始研究智慧旅游问题，2012 年逐渐出现一股智慧旅游研究热潮，2014 年之后，国内该领域研究文献数量明显增加，出现一波研究高潮。相关文献数量在 2018 年形成峰值后开始放缓，2021 年又开始呈现再次增长态势，且有望实现文献数量的突破。

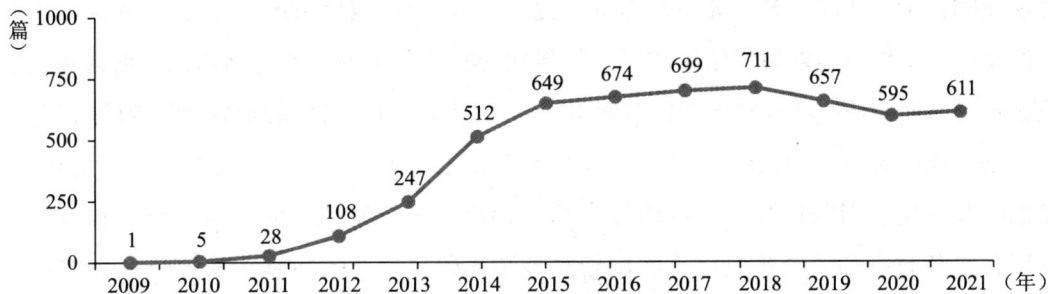

图1-5　2009~2021年国内智慧旅游文献数量年度分布

资料来源：根据中国CNKI学术总库数据整理。

总体来看，国内智慧旅游研究起步较晚，但已经成为近年来旅游研究的热点。虽然相关文献数量波动较大，但仍呈现明显上升态势，并预计在未来不断出现新一轮的研究高潮。

从文献的研究层次分布来看（见图1-6），国内智慧旅游文献的研究层次主要分布于社会科学领域，其次为自然科学领域。研究层次较为集中于行业研究、管理研究、政策研究等层次，其中行业研究（572篇）和管理研究（131篇）是研究较为集中的两个层次。相比于国外相关研究对技术的重视，国内研究对工程技术等自然科学层次的研究较为匮乏。

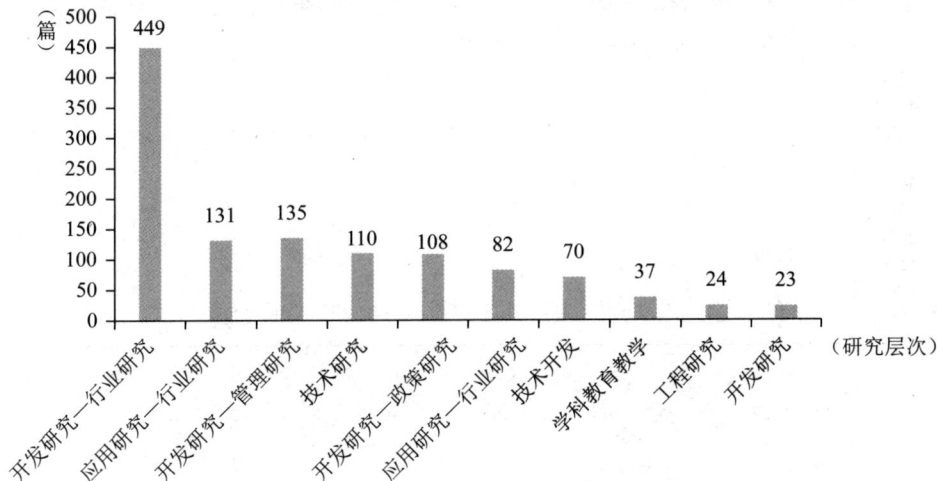

图1-6　2009~2021年国内智慧旅游研究层次分布

资料来源：根据中国CNKI学术总库数据整理。

同时也不难看出，我国智慧旅游的实践是领先于理论研究的，这脱胎于我国智慧旅游建设的背景。智慧旅游是先由政府部门提出，随后得到学界的研究、行业的探索和社会的反应。如果说国外智慧旅游的研究是伴随着实践应用的需要逐渐深入，那么我国智慧旅游的研究则是伴随着理念的扩散而得以展开，随后得到市场的响应和学界的研究。

基于我国智慧旅游的产生背景，国内智慧旅游研究在社会科学领域得到广泛开展。虽然源起有别，但殊途同归，国内外智慧旅游建设的目的都是促进服务行业和市场的发展，服务政府和社会的决策。我国智慧旅游的研究也有着较强的应用导向，如行业指导、政策研究、职业指导等都是有针对性地服务于某一受众，但由于自然科学层次研究相对匮乏，相关研究缺乏有力的技术研究支撑，这使得有关应用研究多停留于思路理念的引导，缺乏具体可行的实操指导。

过于注重人文社科研究会造成"眼高手低"的问题，过于强调工程技术研究也会产生"无的放矢"的困惑。智慧旅游的建设需要人文社科领域与自然科学领域有效且紧密的结合，两者相互补充，缺一不可。

从学科分布来看（见图1-7），智慧旅游研究方向主要集中在旅游和信息经济与邮政经济，其次有计算机软件及计算机应用、农业经济、贸易经济、宏观经济管理与可持续发展等方面。可以看出，国内智慧旅游主要是旅游学界和经济学界在关注，智慧旅游研究成果基本集中于旅游学、经济学领域，工程技术学科参与度偏低，所涉学科相对单一，跨学科视角的智慧旅游研究论文为数寥寥。这也再一次印证了智慧旅游领域研究方向不平衡的问题，也体现出相关合作有待加强，研究方向有待拓宽的迫切需要。

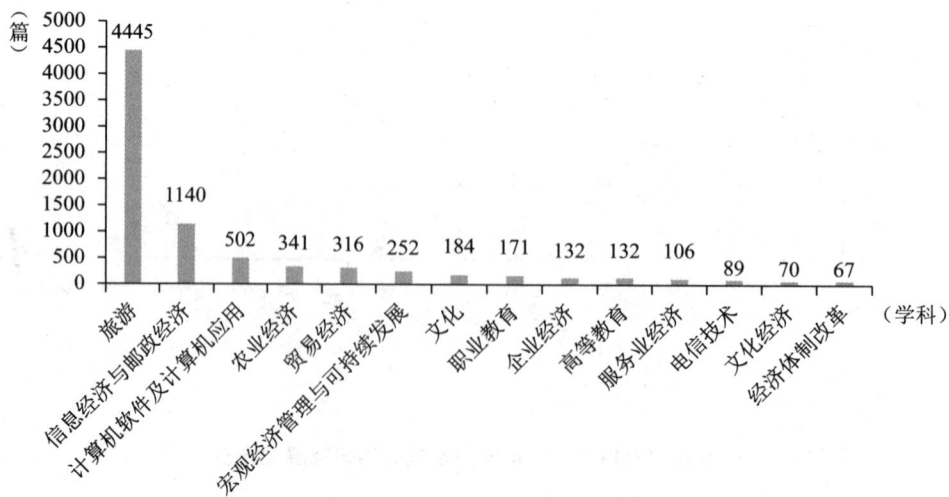

图 1-7　2009~2021 年国内智慧旅游研究学科分布

资料来源：根据中国 CNKI 学术总库数据整理。

通过对 5497 篇智慧旅游相关文献进行梳理，可以得到 2009~2021 年国内智慧旅游研究主要关键词分布状况（见图 1-8）。可以看出，"智慧旅游"无疑是作为出现频率最高的关键词，"全域旅游""乡村旅游""大数据""智慧景区""智慧城市"等也是频率排名较为靠前的几个关键词。从这些关键词中我们可以看到当前智慧旅游研究中的主要关注点，学者们大多聚焦于"智慧经济""旅游业""对策"等行业指导和"大数据""智慧景区建设"等技术应用。从数量上看，诸如"智慧经济""旅游业""旅游产业"等行业指导类词语还是占了一定的比重，成为研究的主要内容。

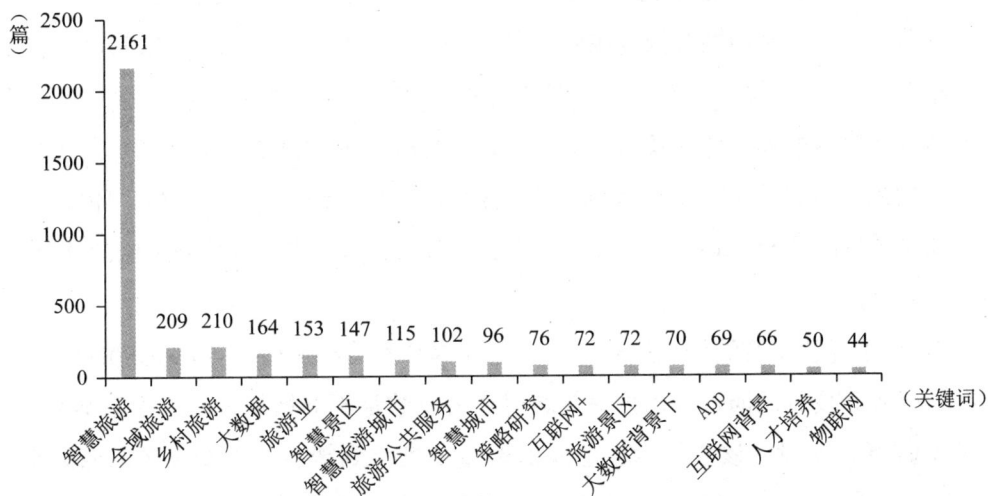

图 1-8　2009~2021 年国内智慧旅游研究关键词分布

资料来源：根据中国 CNKI 学术总库数据整理。

智慧旅游的研究内容大致分为四个方向："大数据""云计算""物联网""互联网""旅游信息化"等最为核心也是内容最多的技术分析方向、以"人才培养""旅游管理"为代表的教育探索方向、以"全域旅游""乡村旅游"为代表的空间应用方向和以"智慧经济"为代表的经济管理方向。这四个方向的内容构成了智慧旅游研究的四个重要方向。

"十三五"时期，我国旅游业飞速发展，旅游业作为国民经济战略性支柱产业的地位更加巩固。红色旅游、文化旅游、旅游演艺等新业态蓬勃生长，满足了人民旅游获得感与幸福感的需求。步入"十四五"时期，我国将全面进入大众旅游时代，旅游业将步入高质量发展的快车道，国民旅游需求从观光游览到休闲度假转变[1]。

---

[1]　"十四五"旅游业发展规划［N］.中国旅游报，2022-01-21（002）.

近年来，国内对智慧旅游的研究热度依旧不减。王建军（2020）以智慧旅游指标的选取原则为依据构建了广州智慧旅游评价指标体系，该体系包括广州智慧旅游城市基础系统、广州智慧旅游城市功能系统和广州智慧旅游城市效益系统[①]。刘怡然、胡静、贾垚焱等（2020）运用内容分析法调查了游客对 VR 旅游项目的感知，结果发现，游客除对排队等候表现出负面情绪外，对 VR 技术的其他方面都表现出了较高的积极情绪，肯定了 VR 在营造虚拟场景、增强游客体验方面的积极作用[②]。肖映琴、高佳伟、谢昊朋、王鹏超（2020）探究了 5G 及 VR 技术对高铁旅游的影响[③]。薛涛、刘潇潇、纪佳琪（2022）基于云计算虚拟化技术设计了包含信息查询下载、数字地区、智能旅游规划、互动分享、基础功能模块等旅游信息平台，运用 Map-Reduce、BigTable、HDFS技术，建立了 J2EE 框架，充分发挥云计算虚拟化技术优势，有效提高智慧旅游信息服务平台的数据信息处理有效性及可靠性[④]。王建英和张利（2021）基于旅游系统理论和城市便利性内涵构建旅游便利性系统，进而构建由交通便利、功能便利、环境便利和服务便利 4 个一级指标、13 个二级指标、34 个三级指标组成的智慧城市旅游便利性评价指标体系[⑤]。

从 2009 年智慧旅游的研究拉开序幕，到如今智慧旅游的研究被推上新的高峰。随着实践的深入和技术的演进，国内该领域研究文献数量不断增加，研究主题不断扩展，从智慧旅游概念探讨、核心技术、总体框架逐步延伸到智慧旅游的发展与管理对策、智慧旅游发展的作用、智慧旅游与旅游公共服务等多个领域。

智慧旅游在旅游研究中日趋盛起，但仍存在很多问题。例如，我国当下很多智慧旅游城市研究存在着数据结合不够紧密、缺乏有力数据实证、单纯靠研究者经验提出智慧旅游城市发展对策等问题。

在智慧旅游产业实践的应用以及其对旅游业的促进作用方面，国内外关于"智慧旅游"的研究主要存在三点差异。第一，侧重点不同：国外对智慧旅游发展的研究主要集中在技术应用上，并突出旅游的持续发展和对旅游者的关怀；而国内研究主要较多集中于对智慧旅游发展的思考这一宏观层面上。第二，研究方法不同：国外多采用

① 王建军. 广州智慧旅游评价指标体系构建研究［J］. 中国集体经济，2020（32）：2.
② 刘怡然，胡静，贾垚焱，等. VR 旅游项目的游客感知研究 ——以上海迪士尼度假区为例［J］. 旅游研究，2020，12（5）：70–83.
③ 肖映琴，高佳伟，谢昊朋，王鹏超. 5G 影响下 VR 与高铁旅游的融合研究［J］. 特区经济，2020（11）：5.
④ 薛涛，刘潇潇，纪佳琪. 基于云计算虚拟化技术的旅游信息平台设计［J］. 现代电子技术，2022，45（1）：176–180.
⑤ 王建英，张利. 中国智慧城市旅游便利性评价的理论与实证［J］. 地理与地理信息科学，2021，37（6）：113–119.

实证研究，而国内主要采用理论研究，研究路径存在一定重复，尚无以其活动产生的大数据为基础进行定量研究的成果，且评价方法及对象较传统，样本代表性有限。第三，研究视角不同：国外探求"智慧旅游"的视角比较广泛，而国内对"智慧旅游"的研究仍限定在旅游学内，在研究内容上仍囿于常规。智慧旅游在国外以智能化旅游形式存在，与国内所谓的智慧旅游有一定的区别。但国内外的大量科学研究与产业实践都表明智慧旅游会深刻影响旅游信息的获取方式、旅游业的发展理念和旅游产业的结构。

五、国内智慧旅游的实践演进

2021年3月，我国《中华人民共和国国民经济和社会发展第十四个五年规划和2035年远景目标纲要》为旅游业提出了创新发展新要求，推动新一轮科技革命和产业变革深入发展，将深刻影响旅游信息获取、供应商选择、消费场景营造、便利支付以及社交分享等旅游全链条，同时要充分运用数字化、网络化、智能化科技创新成果，升级传统旅游业态，创新产品和服务方式，推动旅游业从资源驱动向创新驱动转变[①]。

镇江于2010年率先引入"智慧旅游"理念，开展相关项目建设。智慧旅游的核心技术之一"感动芯"技术在镇江市研发成功，并在北京奥运会、上海世博会上得到应用。中国标准化委员会批准"无线传感自组网技术规范标准"由镇江市拟定，使得镇江市此类技术的研发、生产、应用和标准制定在全国处于领先地位，为智慧旅游项目建设提供了专业技术支撑。2011年5月，国家旅游局下文同意在镇江设立"国家智慧旅游服务中心"，试水智慧旅游设备、软件、应用模式的研制、开发、试点与推广活动，为全国的智慧旅游建设发展提供示范。

2011年5月，江苏7地市南京、镇江、苏州、无锡、常州、扬州、南通结成"智慧旅游城市联盟"，推动智慧旅游从城市建设向城市群、区域性智慧旅游发展，争取形成点、线、面、网的连接和结合，为智慧旅游的集约化发展创造先决条件[②]。

在我国将智慧旅游写入"十二五"旅游发展规划后，全国各地开始了智慧旅游实践探索。南京智慧旅游公共服务体系围绕为游客服务、为管理服务两条主线，规划建设了智慧旅游公共数据服务中心，推出了"南京游客助手"，开发了新型游客体验终端，搭建了乡村旅游营销平台，开设了旅游执法e通，并在玄武湖公园、红山森林动

---

① "十四五"旅游业发展规划［N］.中国旅游报，2022-01-21（002）.DOI：10.28109/n.cnki.nclyb.2022.000170.
② 杨华龙.七市共建"智慧旅游城市联盟"［EB/OL］.央视网，http://news.cntv.cn/20120214/113816.shtml，2012-02-14.

物园进行"智慧景区"试点建设[①]。

云南省开发了"一部手机游云南"App，整合机票、酒店、美食、交通出行等功能，链接携程、艺龙、美团、滴滴等服务供应商，另外，还开通了最为亮眼的直播功能，通过架设在景区里的高清摄像头，实现景区24小时实况直播[②]。

北京以"快捷信息查询和投诉、游客个性化行程定制、自助旅游"等为特点，编制了《智慧旅游行动计划纲要》《智慧旅游数字业态建设规范》，开发了自助导游和导览、虚拟旅游系统和旅游信息触摸系统等。这些建设在很大程度上提升了我国旅游的信息化水平。

2019年，安徽省合肥市开发了文旅合肥App。这款软件运用云计算、大数据等技术实现了在线直播、虚拟旅游、实时导览等多种功能，内容涵盖旅游景区、住宿、美食、农家乐、文化旅游、乡村旅游、"非遗"传承等全要素，"新冠"疫情之下，合肥智慧文旅平台李府景点对接安康码实现游客预约，酒店通过淘宝、京东平台完成预订，景区与高德地图合作实现导览和音频讲解[③]。

入选"2021年智慧旅游典型案例"的温州市推出了"易游温州"一键通智慧服务。不仅能使主管部门通过大数据监测管理平台对客源进行动态监测分析，还能通过5G融媒体彩信精准推送＋百度搜索引擎主动推广＋移动端信息等文化旅游综合数字化服务内容为游客进行精准推送。

除城市智慧旅游发展空前火热之外，作为智慧旅游市场主体的移动通信运营商，在线电子商务企业淘宝、去哪儿、携程，航空企业的国航、东航等也纷纷尝试智慧旅游业务，不断改变自身运营模式、颠覆既有的市场格局。

在政府的大力推进下，旅游业紧跟智慧化的脚步踏上了转型之路。但问题也随之凸显。我国旅游有效供给不足、市场秩序不规范、体制机制不完善等问题日益突出。在智慧旅游方面，主要体现在行业管理体系不完善、沟通信息不顺畅、服务质量无法满足消费者需求等问题日益凸显。

国内智慧旅游的建设一直保持着旅游服务、旅游营销和旅游管理三大板块功能齐头并进的发展态势。当前，诸多旅游目的地缺乏信息与资源统一管理平台，行业乱象频生，缺乏有效监管手段，应急指挥能力弱，政策通知下达慢，并且在营销方面，缺

① 金卫东.智慧旅游与旅游公共服务体系建设［J］.旅游学刊，2012，27（2）：5-6.
② 邵宇航."互联网＋全域智慧旅游"发展模式探析——以"一部手机游云南"App为例［J］.今传媒，2019，27（5）：77-79.
③ 罗成奎.智慧旅游视角的合肥市云旅游发展研究［J］.现代交际，2021（22）：251-253.

乏整合营销管理手段。在各大法定节假日期间，全国范围内各景点拥堵严重，缺乏有效的预警疏导管理，对于游客也缺乏有效的反馈渠道与反馈机制。

中国智慧旅游试点建设存在明显不足，如智慧旅游科技研发与实施技术力量薄弱，盲目跟风、概念炒作，智慧旅游建设标准和评价体系缺失等。在数据方面，也存在着数据散乱的现象，容易形成信息孤岛。

除住宿、景区等旅游设施之外，游客在整个旅行过程中产生较多担心与不满的是关于旅游相关的交通信息咨询、沿途休息、公共卫生间、社区环境以及紧急情况下的救援和投诉等，这也是中国与旅游发达国家差距比较显著的方面。

相比国外智慧旅游项目，国内智慧旅游服务的功能则没有那么酷炫，体验也没有那么丰富和多样化，但是旅游的魅力则在于游客的亲身体验和线下服务，相比英、德开发的智慧旅游产品，国内智慧旅游产品的开发则需要更多技术手段的支持以及开发者从游客角度出发，在特定场景下想象力的极大丰富。从旅游营销和旅游管理方面来看，国内智慧旅游项目的开发，相比国外项目更有优势，这可能与国内智慧旅游项目是政府部门主导有关。

Part 2

第二章 智慧旅游图谱构建

第一节 智慧旅游的要素支撑

智慧旅游的各个要素搭建起了系统运行的框架，为旅游过程的良好循环提供了支撑。姚国章早在 2012 年就对"智慧旅游"的概念和旅游业务发展特点进行了分析，他认为智慧旅游主要有智慧服务、智慧商务、智慧管理、智慧政务四个表现形式[①]。本书沿用这一认识，主要从"智慧服务""智慧商务""智慧管理""智慧政务"四方面对智慧旅游的表现形式进行介绍。

一、智慧服务

当前，旅游者的需求已经转向个性化出游，更加注重旅游体验。美国未来学家阿尔文·托夫勒也在其著作《未来的冲击》中指出："我们正在从满足物质需要的制度迅速过渡到创造一种与满足心理需求相适应的经济。""后服务业时代"的市场环境要求服务提供者以客户体验为中心，注重客户在消费过程中的感官（sense）、情感（feel）、思考（think）、行动（act）、关联（relate）5 个方面的感受[②]。

智慧旅游正是以满足游客从旅游发现到旅游体验的各种需求为中心，为游客提供了游前、游中、游后的全程化服务。游前进行产品预订和预先结算，游中实时搜索旅游信息并获得帮助，游后进行有效的信息反馈。智慧旅游，让游客便捷地享受到高质量的旅游产品。

服务是未来旅游持续发展和赢得市场主动的根本。智慧服务是智慧旅游的核心业

---

① 姚国章."智慧旅游"的建设框架探析［J］.南京邮电大学学报（社会科学版），2012，14（2）：13-16，73.
② 韩林.基于体验经济下的智慧景区信息化产品创新研究［J］.旅游论坛，2014，7（6）：70-73.

务，是驱动智慧旅游前进的关键动力。智慧服务的主要表现有以下两点。第一，通过科学的信息组织和人性化、个性化的呈现方式让游客舒适便捷地获取旅游信息，帮助游客更好地进行旅游决策，如通过智能手机的旅游应用软件提供位置导航、电子地图、预订系统等实时信息服务。第二，通过物联网、无线技术、定位监控技术等技术实现信息的传递和实时交换，让游客的旅游过程更顺畅，为游客带来更好的旅游安全保障和品质保障，如酒店中运用 RFID（射频识别技术）进行入住办理和退房等服务，房间内通过平板电脑获取点餐信息、房间娱乐信息及周边设施信息，景区、旅游吸引物的三维实景（信息）展示和游览过程中的随身导游导览等。

智慧旅游带来的新技术新模式促使旅游者的消费观念和消费习惯发生了前所未有的变化，旅游逐渐变得越来越简单便捷，越来越省钱省事，也促进了数据的双向流动与信息的对称交流，消费移动化、需求个性化、目的地 IP 化、产品细分化的趋势推动了"碎片化旅游时代"的到来。

在新兴信息技术中，云计算技术的日趋成熟以及智能终端设备、移动互联应用的迅猛发展，为智慧旅游云服务平台的建设提供了技术保障，云服务成为人们工作生活中的重要技术载体和动力，是智慧旅游服务实现的重要支撑。云计算的特点包括：在技术实现上的资源按需分配与信息汇聚处理，架构思想上的平台弹性可扩展、运行联通服务化[1]。

智慧旅游云服务所提供的解决方案是一项多向交互、动态复杂的系统工程，具体包括：旅游信息网络运营商、政府部门及旅游产业链各环节的旅游资讯发布及数据更新，涉旅企业之间、企业与消费者之间、消费者之间、产学研之间的交互[2]。

智慧旅游云服务流程（见图 2-1）分为三个服务阶段和一个整体循环支持，分别是前段服务任务映射、中段服务资源组织和后段服务方案输出，以及整体循环的服务知识挖掘。其中三个服务阶段是游客个性化任务的实现过程，而整体循环支持则是这个过程实现的保障，即智慧旅游云服务系统优化提升和智慧生长的保障。

---

① 庞世明，王静."互联网+"旅行社：商业模式及演变趋势［J］.旅游学刊，2016，31（6）：10-12.
② 张红梅，梁昌勇，徐健.智慧旅游云服务概念模型及服务体系研究［J］.北方民族大学学报（哲学社会科学版），2016（1）：138-141.

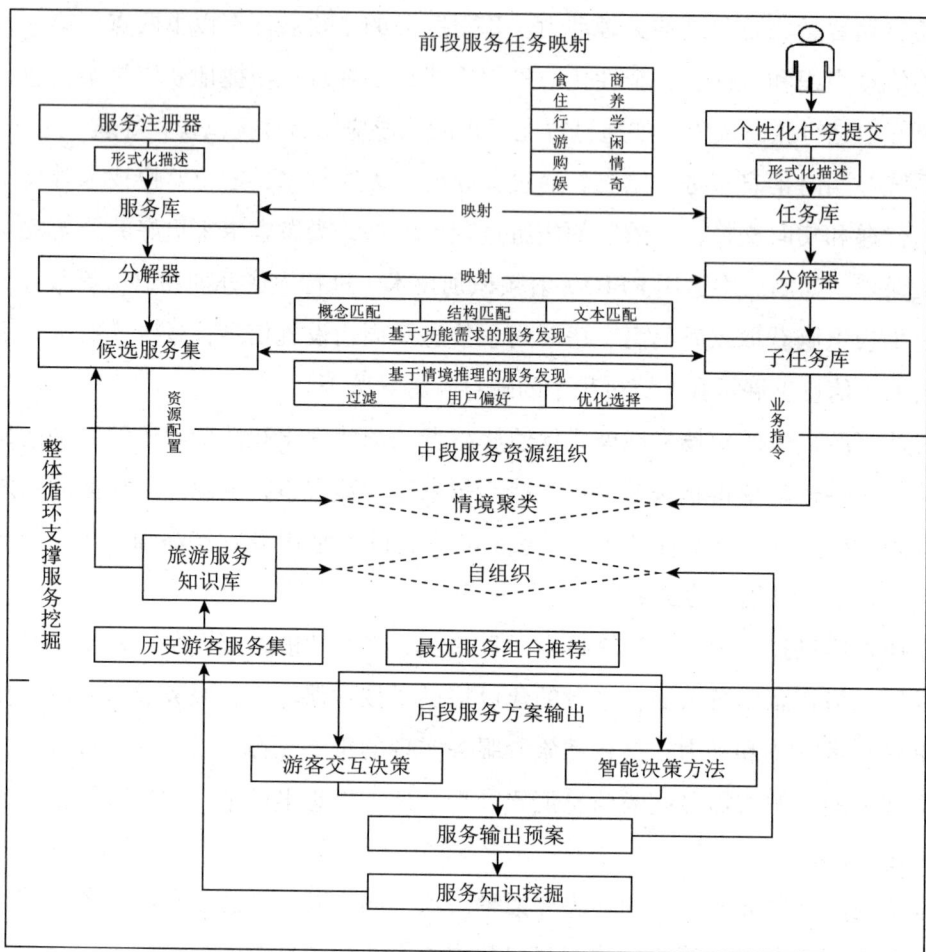

图 2-1　基于游客需求的智慧旅游云服务流程

资料来源：张红梅，梁昌勇，徐健．"旅游＋互联网"背景下的智慧旅游云服务体系创新［J］．旅游学刊，2016，31（6）：12-15。

　　智慧旅游云服务以满足游客的个性化需求为终极目标，运用云服务的理念和技术重新梳理旅游行业信息系统提供方式，运用分布式并行计算对旅游服务进行抽象、分类，从而形成层次化结构和多元化服务体系。并强调以游客为中心的价值共创，体现了旅游服务提供者与顾客共同创造价值的这一本质。

　　结合国际经验和我国智慧旅游的发展需要来看，当前"智慧服务"的重点主要包括多语言国际游客服务门户、一体化国内游客服务门户、移动旅游服务门户、移动自助伴游服务系统以及虚拟旅游体验中心等项目[①]。旅游智慧服务重点项目的建设以充分

---

①　姚国章，赵婷．利用云计算技术推进智慧旅游发展研究［J］．电子政务，2013（4）：79-86.

满足游客旅游服务需求为中心，由政府引导和企业主导，逐步完善旅游智慧服务体系、提升智慧服务功能。

二、智慧商务

旅游电子商务是整合旅游企业的内外部资源，通过电子商务平台，进行旅游信息和旅游产品的在线发布和销售。除携程、途牛等 OTA 平台外，淘宝、京东等传统电商也开辟出旅游电商业务来分享旅游市场蛋糕。另外，本地生活服务商美团、大众点评等也开始成为旅游信息分享的前沿阵地。

智慧商务主要是针对旅游服务提供商而言的，主要包括 B2C（Business to Customer）、O2O（Online to Offline）、C2B（Customer to Business）三种交易模式。从旅游参与企业的业务需求来看，旅游智慧商务重点建设项目主要包括交互式智慧旅游营销平台、目的地智慧营销系统、智慧旅游产业联盟、旅游电子商务示范工程以及旅游产品网上营销等[①]。

在旅游高质量发展的新时代，旅游营销模式也开始发生转变。在智慧旅游环境下，旅游营销逐步精准化、细分化与碎片化。第一，旅游产品供应商利用数据技术精准地描绘分析消费群体，定位消费者的旅游偏好、消费能力等信息，从而策划更加精准的市场营销方案。第二，旅游目的地营销无孔不入，微博、微信等社交媒体渠道也成了旅游目的地营销的重要方式，旅游目的地充分利用微信公众号，借助抖音、快手等短视频平台吸引游客眼球，通过网红直播打造热门产品，借助各类营销话题借势推出优势旅游产品，达到高效营销的目的。

旅游目的地"智慧营销"是旅游电子营销的延伸与升级。两者虽然都注重数据信息的整合与利用，但两者所达到的深度与收集信息的广度有所不同。现代信息技术的发展，使得某种程度上用户在数据面前没有秘密存在。现代信息技术则是最大限度地搜集用户信息，并建立数据之间的联系，在数据层面重构用户，从而进行用户偏好的精准预测。智慧营销建立的用户画像更加具体，预测性更准确，人工智能技术的利用，使得游前、游中、游后的互动更为紧密，营销手段更为有效。

在目标上，旅游目的地"智慧营销"是以实现旅游目的地与游客建立、发展、巩固关系为目的的营销方式[②]，即强调游客与旅游目的地之间 4R（Relevance 关联、

---

① 姚国章."智慧旅游"的建设框架探析［J］.南京邮电大学学报（社会科学版），2012，14（2）：13-16，73.

② 林若飞.旅游目的地智慧营销的理论与方法［J］.旅游研究，2014，6（2）：56-61.

Reaction 回应、Relationship 关系、Reward 回报）的构建与完善。智慧营销寻求目的地与游客之间的互动，增强游客与旅游目的地之间的黏性，从而建立游客的地方依恋，形成某种感情上的关系，从而促进游客在对目的地的重游和推荐等行为意向。

在互联网、移动互联网、大数据、AI 等科技浪潮席卷而来的当下，旅游营销也颠覆了传统旅游业一刀切、低效率的营销方式，与科技和消费需求转型紧密结合，向精准营销、整合营销、圈层影响等方式转变。对于旅游行业而言，数据的获取、分析、应用可以帮助企业更好地了解用户需求，精准定位目标关注人群。

当今媒体环境正在发生变化，互联网进入圈层营销的时代，大数据成为影响企业形象的重要依据。无论是互联网还是移动互联网，智慧营销不仅仅意味着信息化的工具发生改变，通过整合营销实时互动沟通，其对品牌塑造也将产生深远影响。智慧营销可以迅速将所有的品牌、广告、代言人、电商评价等数据进行归拢，使企业管理者对企业经营情况大数据一目了然，从而帮助企业寻找恰当的品牌形象。

新型的智慧营销，不仅要求我们根据用户画像匹配相应资源，有的放矢，而且需要整个营销活动可追踪、可量化、可优化，形成以数据为核心的营销闭环链条，从而实现在合适的时间、地点，以合适的方式传达给消费者合适的信息。

新时代下的智慧营销，以为消费者提供一对一的个性化营销为本质，依靠先进的营销技术，搭载创意，生产新奇内容，实现从陌生到消费的连接、参与、培育和转化的智慧营销闭环。

智慧营销闭环的打造离不开智慧营销体系。智慧营销体系包括活动营销系统、营销自动化和营销预测技术。其中营销系统中包含所有的用户数据，包括用户消费行为、社交行为、商品兴趣、标签和旅程等，营销自动化则将用户数据从身份象征、生活风格、消费行为、社交行为、商品偏好，以及到店行为 R（间隔）、F（频次）、M（花费）自动形成会员标签，并统一汇总到客户数据库中，以此为核心建立更加清晰完整的用户画像。营销预测技术则根据这些画像清楚地预测用户的旅游偏好和行为动向，从而为游客精准推荐其感兴趣的产品与活动。智慧营销体系通过多系统的数据融合，完成客户培育转化。

三、智慧管理

智慧管理主要是针对旅游活动的各项管理业务而言的，是指综合利用智慧化的技术对游客、景点、酒店、旅游线路、交通工具以及其他类型的旅游资源进行智慧化管理，全面提高管理水平，创造管理效益①。

利用智慧技术提升旅游管理水平，是旅游行业健康、快速、可持续发展的重要支撑条件②。吴乔华（2021）提出智慧旅游平台高度融合，通过监控安防系统、智能停车系统、应急广播系统、智慧旅游信息系统、多屏信息发布系统、环卫监测系统、网络安全系统，建设景区 Wi-Fi、监控、应急广播等公共服务设施，并建立景区应急指挥中心，打造应急指挥平台，实现应急指挥、信息发布、可视化管理与调度、多系统集中管理等功能，构建景区智慧化建设模式，有效提升游客满意度、景区旅游形象、旅行服务品质，从而提升城市的综合竞争力、公共服务能力和服务形象③。智慧旅游管理模式的构建包括政府管理平台搭建、游客平台搭建、旅游企业平台搭建和景区平台搭建④。智慧旅游管理应从主观判断向客观量化考核转变，通过设置考核指标，对旅游景区进行严格的考核监督⑤。由于对景区智慧管理、智慧酒店管理等内容在后面会有具体介绍，在此便不再赘述。

四、智慧政务

智慧政务有效解决了公共服务中的"市场失灵"问题。智慧政务综合体现了"以公众为中心"（Citizen-Centric）、"惠及所有人"（For All）、"泛在"（Ubiquitous）、"无缝"（Seamless）、"透明的政府"（Transparent Government）、"回应的政府"（Responsive Government）、"变革的政府"（Transformational Government）和"一体化的政府"（Integrated Government）的理念⑥。政府将更加智能、更加高效、更加透明，智慧政务所带来的简便、透明、自治、移动、实时、智能和无缝对接等特征能够在一定程度上克服公共服务领域内"政府失灵"的情况，从而创新公共服务机制，促进公共服务水平的提升。

智慧政务是旅游政府主管部门全面提升旅游政府管理水平和公共服务能力，全面提升我国旅游信息化智慧化发展的重要举措。智慧政务以进一步转变政府职能、改进行政审批方式、提高行政效率和公共服务水平、方便企业及群众办事为目标，应用互

---

① 唐玮，张蓉.贵州省智慧旅游体系的发展初探［J］.旅游纵览（下半月），2018（10）：138-140.
② 姚国章."智慧旅游"的建设框架探析［J］.南京邮电大学学报（社会科学版），2012，14（2）：13-16，73.
③ 吴乔华.基于智慧广电打造智慧景区的实践探索——以黎里古镇智慧旅游综合服务平台为例［J］.中国有线电视，2021（8）：820-822.
④ 李婷婷.大数据背景下智慧旅游管理模式探究［J］.当代旅游，2021，19（7）：35-36.
⑤ 郭又荣.智慧旅游何以更加"智慧"［J］.人民论坛，2019（8）：76-77.
⑥ 国外推行电子政务公共服务的主要理念。

联网＋政务信息技术，强化行政审批监管，积极推进网上审批及标准管理的措施，进一步加强行政服务中心的规范建设，努力构建务实、高效、便民的服务型政府。

为了摸索出公共服务的有效机制，国内外学者们提出过各种不同的制度安排。McDavid & Shick（1987）认为，公共部门与私人部门的竞争能有效地提升公共部门的公共服务供给效率，使公民得到更低成本、更高质量的公共服务[①]。Denhardt（2004）提出的新公共服务理论（The New Public Service），倡导"服务而非掌舵"，提出了服务行政的基本内涵，指出公共管理者的重要作用并不是体现在对社会的控制或驾驭，而是在于帮助公民表达和实现他们的共同利益[②]。

在国内研究中，沈荣华（2004）提出政府公共服务机制创新的6项要求：建立以公众为导向的服务提供机制，引入市场竞争机制，营造政府与社会的合作机制，建立政府服务的绩效管理评估机制，发展政府间公共服务的协作机制，完善政府公共服务的责任机制[③]。郁建兴和吴玉霞（2009）提出了公共服务供给的复合模型，复合供给模型是指在公共服务的供给参与方之间进行两次分工，初次分工是将服务规划者（提供者）和生产者相分离，并可产生多种典型的公共服务供给制度；二次分工是生产者将自己不能直接生产的服务，通过整合其他服务资源来组织生产，通过将分散的、异质性的服务需求与非规模化的服务供给进行对接来间接满足服务需求[④]。李爽、黄福才、李建中（2010）提出了旅游公共服务的多主体复合供给模式，通过政府（G）、市场（M）、社会（S）力量的联动，最终实现有效互补、协同呼应的多方参与（G–M–S）的旅游公共服务复合供给综合联动模式[⑤]。刘德谦（2012）提出旅游公共服务体系的结构，他认为除了公共基础设施（硬件）建设外，旅游公共服务体系应该包括以下8个分支体系——旅游公共信息服务体系、旅游安全保障体系、旅游公共交通服务体系、旅游公益服务体系、旅游志愿者服务体系、旅游科普体系、旅游责任教育与辅导体系以及旅游公共服务推动与监管体系[⑥]。

近年来，国家在政府内部大力推进信息化进程。智慧政务的内容既包括电子政务、移动政务等的深化应用，也包括基于智慧化技术的政府管理和服务模式的创新。政府

---

① McDavid J, Shick. G.（1987），Privatization versus union management cooperation：The effects of competition in service efficiency in municipalities［J］. Canadian Public Administration，30，472–488.

② Denhardt J V， Denhardt R B. The New Public Service：Serving， Not Steering［M］. Beijing：China Renmin University Press，2004. 40–45.

③ 沈荣华.论政府公共服务机制创新［J］.北京行政学院学报，2004（5）：12–16.

④ 郁建兴，吴玉霞.公共服务供给机制创新：一个新的分析框架［J］.学术月刊，2009，41（12）：12–18.

⑤ 李爽，黄福才，李建中.旅游公共服务：内涵、特征与分类框架［J］.旅游学刊，2010（4）：7.

⑥ 刘德谦.关于旅游公共服务的一点认识［J］.旅游学刊，2012，27（1）：3–4.

陆续发布了一系列文件重点强调"数字政府"的建设，运用新一代信息技术，如云计算、大数据、人工智能、物联网、区块链等，促进政府与社会、政府内部间实现信息传递的即时性与精准性。政府工作报告中提到的"互联网＋"行动计划，强调将互联网应用技术与经济社会各领域进行全方位、多层次、多元化、多模式、广渗透的深度融合，推动技术进步、效率提升和组织变革，并确定了提升公共服务水平"互联网＋"益民服务的具体任务，提出旅游信息化提升工程。

无论是智慧服务、智慧商务、智慧管理，还是智慧政务，旅游业的智慧化都是与其他行业或部门紧密结合的；无论是面向消费者、企业，还是面向政府，智慧化的旅游业都离不开各个参与者的密切配合。智慧旅游的各个表现形式之间需要持续、深入地合作，智慧旅游也需要与智慧城市、智慧乡村乃至智慧中国的建设有机契合。旅游业本身作为一个综合性极强的行业，以孤立的眼光看待其发展是没有未来的，以孤立的思路进行智慧旅游的建设既缺乏根基，也寸步难行。

孤掌则难鸣，势孤则力薄。智慧旅游的建设是一项系统性工程，这也进一步凸显出智慧旅游顶层设计的必要性和广泛合作的重要性。

第二节　智慧旅游的架构设计

一、智慧旅游总体架构

智慧旅游系统建设需要坚实的社会经济条件作为支撑，同时在保证信息安全的前提下强调互联网、物联网、云计算、移动通信等核心信息技术与旅游产业的结合应用，促进旅游业绿色化、现代化和可持续发展。

对于智慧旅游体系的架构，国内学者提出了不同的看法。刘军林、范云峰（2011）首先提出了智慧旅游的支撑体系，包括云计算、物联网、高速无线通信技术、地理信息系统、虚拟现实技术等[①]。杜鹏和杨蕾（2013）将智慧旅游发展建设策略分为社会支撑体系、旅游信息基础环境体系、智慧旅游资源管理与开发体系和智慧旅游应用创新体系，并提出相应的评价指标，当各个体系能够得到较为均衡发展时，将有助于克服和应对智慧旅游建设过程中可能遇到的困难和风险，使其处于较为全面和良性的发展

---

① 刘军林，范云峰.智慧旅游的构成、价值与发展趋势［J］.重庆社会科学，2011（10）：121-124.

阶段[①]。

赖亚寒（2016）认为，智慧旅游的总体架构重点包括以下四个方面。一是纵向能贯穿：充分挖掘旅游信息资源，全面覆盖游客、旅游经营者、旅游管理者三类主体需求，提供完整的旅游应用服务。二是横向能整合：对三类主体提供的服务，在功能上相互配合补充，在数据层面最大限度整合共享，在执行上协同联动。三是外围能扩展：扩展和融合来自相关行业（如交通、商贸、卫生等）的信息，并与其他智慧系统进行数据交换和共享。四是整体和对接：智慧旅游能够无缝对接层次更高的智慧化体系，如智慧城市等[②]。

阮立新（2017）在可持续发展理论指导下，构建了由保障体系、支撑体系和应用体系组成的景区智慧旅游总体框架，应用体系是核心，包括游客服务体系、景区管理体系、企业营销体系、政府监管体系、社区参与体系；支撑体系包括核心技术支撑和景区数据库建设；保障体系包括政策支持、资金投入、人才培养、法制保障和运行机制[③]。

沈建华（2021）以庐山西海景区为例，提出了"5G+智慧旅游"项目总体设计。系统建设以新一代宽带网络5G、云计算、人工智能和VR、XR等新兴信息技术为支撑，在智慧管理上，采用联通自主研发的景区一体化管控平台，实现视频监控、无线Wi-Fi、客流统计、公共广播、停车场管理、卡口系统、水质监测以及智慧厕所等各类信息化子系统的跨平台、跨网络、跨终端等多系统之间的综合化、统一化的管理，实现庐山西海景区信息资源的共享，并提供综合信息资源，在景区现有信息化基础上，结合地理信息系统（Geographic Information System，GIS）、公共广播、自动导览等系统，加强对景区的管理力度，打造智慧化景区[④]。

二、智慧旅游信息生态架构

旅游业是信息密集型行业，旅游活动的顺利开展离不开信息的高效交换，信息交流贯穿旅游活动的全过程。智慧旅游时代，信息的智能性及个性化要求比传统旅游要更高。因此，从信息生态视角探索研究智慧旅游的架构思路十分必要。

信息生态系统的稳定运行是旅游活动顺利开展的前提和保障。谢镕键和何绍华

---

① 杜鹏，杨蕾.智慧旅游系统建设体系与发展策略研究［J］.科技管理研究，2013，33（23）：44–49.
② 赖亚寒."智慧旅游"系统架构与设计［J］.移动信息，2016（6）：2.
③ 阮立新.基于利益相关者诉求的景区智慧旅游框架体系构建［J］.南京师大学报（自然科学版），2017，40（3）：159–165.
④ 沈建华.基于5G技术下的智慧旅游应用［J］.信息与电脑（理论版），2021，33（21）：190–193.

（2016）认为，旅游信息生态系统的基本特征是多样性、地域性、协同演化性[①]。

张秀英（2018）提出智慧旅游信息生态系统（见图 2-2），是指在旅游信息服务活动中，依托物联网、云计算等高新技术与智慧旅游信息服务平台，以旅游相关的个人与组织为"物种"，通过物种之间的相互作用与协同进行信息交互而形成的系统[②]。

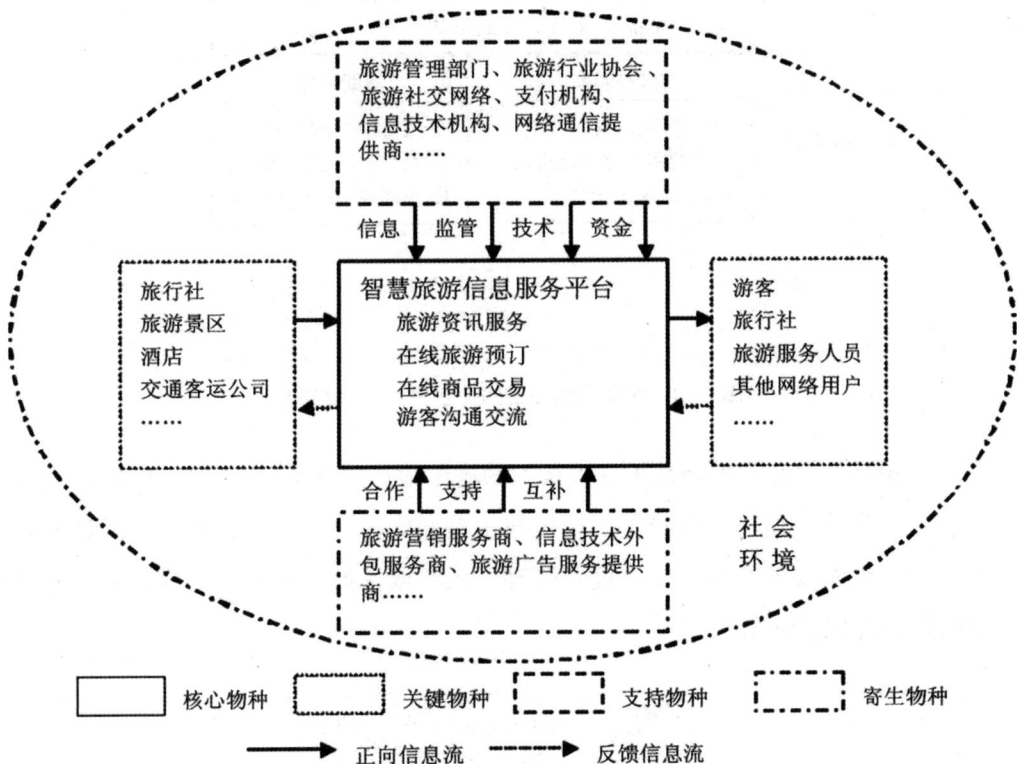

图 2-2 智慧旅游信息生态系统结构

在新技术的催化下，智慧旅游信息平台也不断升级。徐岸峰、任香惠、王宏起（2021）提出智慧旅游信息交互平台的技术结构（见图 2-3），智能旅游信息平台，可使传感器设备、旅游商务信息系统、全球 GPS 及各类系统中的信息经由网络信息平台集成整合互联，实现一个以信息资源为中心，畅通无间、协同发展、整体智能型的服务化体系；完成多边信息获取的实时更新、信息资源的自动智能协同处理以及服务信息的网络互联[③]。

---

① 谢镕键，何绍华. 旅游网络信息生态系统中的协同信息服务［J］. 现代情报，2016，36（11）：71-75.
② 张秀英. 信息生态视角下智慧旅游构建与发展路径研究［J］. 经济问题，2018（5）：124-128.
③ 徐岸峰，任香惠，王宏起. 数字经济背景下智慧旅游信息服务模式创新机制研究［J］.西南民族大学学报（人文社会科学版），2021，42（11）：31-43.

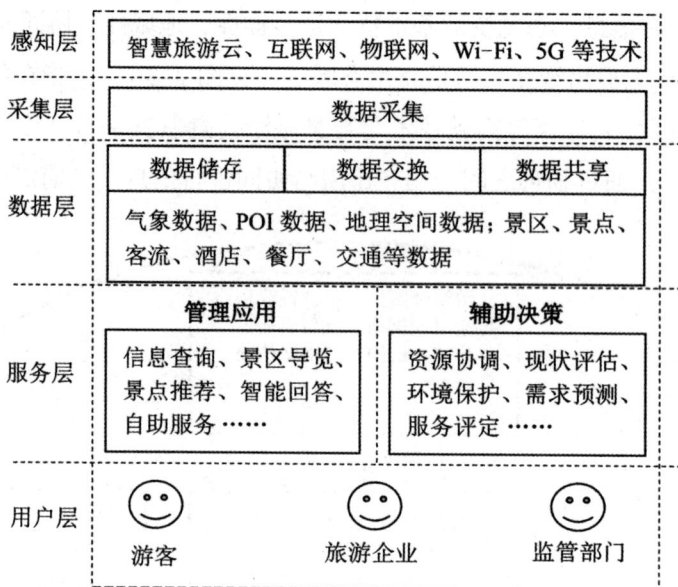

图 2-3　面向智慧旅游的信息平台技术结构

　　张宇（2021）设计了一种基于虚拟技术的旅游信息服务平台（见图 2-4），引入数据挖掘技术实现旅游信息智慧推荐。虚拟技术是网络技术、分布技术以及云计算融合的结果，它可以实现各节点统一调度和管理，大幅度提高旅游信息管理效率，并可以实现旅游信息虚拟化展示[①]。

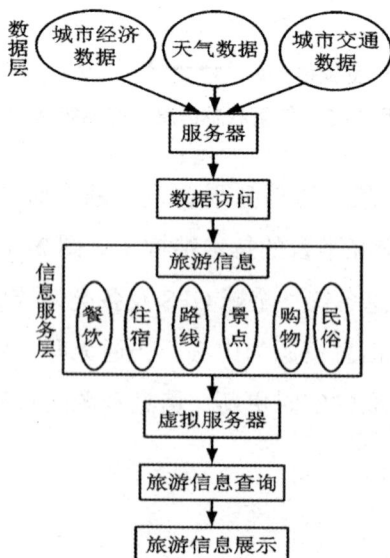

图 2-4　基于虚拟技术的旅游信息服务平台

---

① 张宇.基于虚拟技术的智慧旅游信息服务平台［J］.微型电脑应用，2021，37（10）：186–189.

三、智慧旅游技术架构

赖亚寒（2016）将智慧旅游架构分成门户层、应用层、服务层、数据中心层、数据源层 5 个部分[①]。

门户层是通过不同的电子设备（如智能手机、智能平板、电脑、电视、LED 大屏等智能终端）将移动互联网运营的基因植入智慧旅游。

应用层是集合先进智能技术及完善的服务营销体系对信息进行统一感知、收集、加工、分析和存储。

服务层主要运用 ESB（Enterprise Service Bus，即企业服务总线）提供网络最基本的连接中枢，以分布式的运行管理机制，通过提供一系列标准接口将复杂的用户管理、工作流引擎、搜索引擎、规则引擎、统计报表、信用评估等应用结合，协调不同应用服务间的通信。

数据中心层包含存储数据的云平台等基础设施，提供可靠安全的数据共享、强大的计算能力、随时扩展和方便快捷的互联网服务，满足大用户量访问、多应用和资源内容接入及大数据分析挖掘。云计算基础设施提供了硬件及各类计算资源的可扩展弹性，正呼唤能与之相匹配的可灵活伸缩、动态扩展的软件架构，基于 DOA（Data Oriented Architecture，即面向数据的体系结构）打造的相关软件平台也有望成为云计算大数据时代下的软件基础设施。

数据源层（包括旅游资源、游客资源、地理信息、消费信息、客流信息、舆情信息等数据）是智慧旅游最重要的战略性资源，通过智慧旅游各子系统相关高层业务数据统一抽取、融合共享，整合现有政府、企业及第三方与旅游有关的各个应用资源和数据资源，形成准确、高价值的综合旅游信息资源库，方便数据的抽取、交换和调取应用。

葛晓滨与章义刚（2014）将智慧旅游的技术架构细分成以下 7 层[②]。

一是数据采集层。景区管理人员通过基础数据终端对各景点信息进行维护，定期更新景点文字介绍及音视频资料；通过地图终端来维护地图信息，并做到实时更新。在景点、道路等位置部署视频采集终端，对视频数据进行实时采集。在车辆、急救设施、服务人员等位置部署物联网终端，保证与系统进行实时通信。游客手持终端（如平板电脑、智能手机等）实时采集位置信息，便于系统进行准确定位。

---

① 赖亚寒.“智慧旅游”系统架构与设计［J］.移动信息，2016（6）：2.
② 葛晓滨，章义刚.智慧旅游系统的技术框架及其主要应用技术分析［J］.皖西学院学报，2014，30（2）：32–35.

二是网络层。通过互联网、移动通信网等提供全网服务，实现旅游数据的有效传输。

三是感知层。通过 RFID、摄像头、传感器等物联网设施和渠道实现信息感知，为智慧旅游的应用体系提供基础数据。

四是数据存储层。由 4 类数据库构成，分别存储景区基础数据、视频数据、物联网数据、地图数据。

五是处理层。该层主要涉及景区信息管理、地图定位，以及旅游资源调度、旅游数据统计、游客行为分析等功能。

六是应用层。在处理层的基础上，实现地图查询、旅游线路规划、景点信息展示、应用搜索、旅游社交网络以及景区管理等功能。

七是管理层。主要面向管理者，实现智慧化的旅游政务、旅游公共服务、旅游电子商务等行业管理。

四、智慧旅游资源开发和管理体系架构

智慧旅游资源开发与管理包括常规旅游资源的开发和旅游信息资源的管理与服务，具体评价指标如表 2-1 所示。常规旅游资源可通过区域旅游经济发展水平、旅游资源开发水平、旅游配套服务设施水平等方面衡量。旅游信息资源是智慧旅游系统良好运转的血液，旅游信息的存储管理、数据挖掘、辅助决策、知识管理、安全管理体系将是智慧旅游的核心资源和技术，可以通过旅游电子政务应用水平、旅游信息发布情况、旅游信息安全保障水平、旅游应急与在线监督水平等层面得到体现[1]。

表 2-1　智慧旅游资源开发与管理体系

系统层	因素层	指标层	说明
智慧旅游资源开发与管理体系	旅游经济发展水平	C1 旅游经济总量	反映旅游业经济总体规模
		C2 旅游行业就业人口	反映旅游业对就业市场影响
		C3 接待游客数量	反映旅游业整体接待规模
		C4 旅游外汇收入	反映入境旅游发展水平
	旅游资源开发水平	C5 旅游资源级别	反映旅游资源的吸引力特点
		C6 旅游资源类型	
		C7 国际会议展览数量	反映商业旅游资源吸引力水平

① 杜鹏，杨蕾.智慧旅游系统建设体系与发展策略研究［J］.科技管理研究，2013，33（23）：6.

续表

系统层	因素层	指标层	说明
智慧旅游资源开发与管理体系	旅游配套服务设施水平	C8 星级酒店数量及床位数量	反映旅游区综合接待服务能力
		C9 餐饮服务数量及级别	
		C10 购物设施数量	
		C11 娱乐服务设施数量	
		C12 公共交通每万人拥有公交车辆	反映公共交通服务设施水平
		C13 航空港旅客吞吐量	反映长途旅客接待能力
	旅游信息服务管理水平	C14 政府信息系统使用率	反映政府信息化管理水平
		C15 食品药品追溯系统覆盖率	反映餐饮管理信息化水平
		C16 天气及自然灾害预警发布率	反映突发事件信息处理与发布能力
		C17 在线投诉处理率	反映旅游在线监督处理能力
		C18 旅游信息、知识在线发布情况	在线发布景区相关信息、反映政府与公共旅游信息共享及互动情况
		C19 旅游信息安全保障水平	反映旅游信息安全保障水平

五、智慧旅游营销体系架构

旅游目的地营销的目的不仅是提高目的地的知名度与吸引力，根本目的还是要提高客流量，增强旅游变现能力，从而提高目的地的综合效益。游客是营销策略作用的对象，也是营销手段实施的最终目的。了解营销环节，构建营销框架、衔接点及重点，才能更清晰、更透彻地分析游客消费心理及行为意图。

旅游目的地营销首先要完成"三个转换"，即普通人到感知者，再到潜在的游客，最后成为现实的游客的转换[①]，该过程贯穿旅游目的地营销的每一步。林若飞（2014）将智慧旅游下的旅游目的地营销整体框架归纳为旅游目的地、营销策略、技术支撑、营销平台、游客沟通五个方面。其中，旅游目的地、营销平台和游客沟通是三个有形的层面；营销策略表示旅游目的地营销的方法；技术支撑则是智慧旅游的运行内核[②]。姜漓、连云凯与龙斌（2018）构建了智慧旅游网络营销系统，并将其分为政府和企业两大模块，其中政府模块的旅游网络营销体系主要负责旅游业赖以发展的公共安全、生态环境、城市交通、医疗卫生等领域；企业模块的旅游网络营销体系主要负责在满足旅游者的需求和前提下，提高企业经济效益，两大模块相互结合，建立旅游信息数

---

① 龙江智. 旅游目的地营销：思路和策略［J］. 东北财经大学学报，2005（5）：55-57.
② 林若飞. 旅游目的地智慧营销的理论与方法［J］. 旅游研究，2014，6（2）：56-61.

据库，进行客源地分析、营销数据统计分析、游客行为分析，实现客户关系管理、电子商务功能[1]。谭莉和费文美（2021）提出在智慧旅游环境下，构建智慧营销模式：首先，借助数据技术优势，精准描绘营销群体的人物画像；其次，做好品牌定位；最后，利用智慧技术，如5G、VR、XR技术等改善游客的观赏体验[2]。李晓华（2021）提出利用智慧旅游系统积极打造网红打卡地，从而牢牢抓住目标用户的需求，用好新媒体平台，借助新技术手段，利用优质内容反复触达目标用户，打造"食—住—行—游—购—娱"的复合型文旅企业生态链，提高服务意识，增加获客效果[3]。

六、智慧旅游公共服务体系架构

党的十八大以来，我国文化和旅游部门致力于促进旅游高质量发展，加快构建覆盖城乡、便捷高效、保基本、促公平的现代公共文化服务体系，国有景区于2020年年底全部实现在线预约预订服务[4]。

国内众多学者关于旅游公共服务体系也提出了不同的见解。张昊与任静（2021）提出智慧旅游信息服务平台（见图2-5），平台包括用户模块（旅游信息查询功能、旅游智能推荐功能、旅游体验反馈功能、个人信息管理、在线留言功能、用户注册等）、平台管理模块（用户信息管理、旅游舆情监控功能、旅游信息管理、共享社区管理等），从而实现旅游信息查询、旅游智能推荐、旅游体验反馈、个人信息管理、在线留言、用户信息管理、旅游信息管理、旅游舆情监控、共享社区管理9大功能[5]。

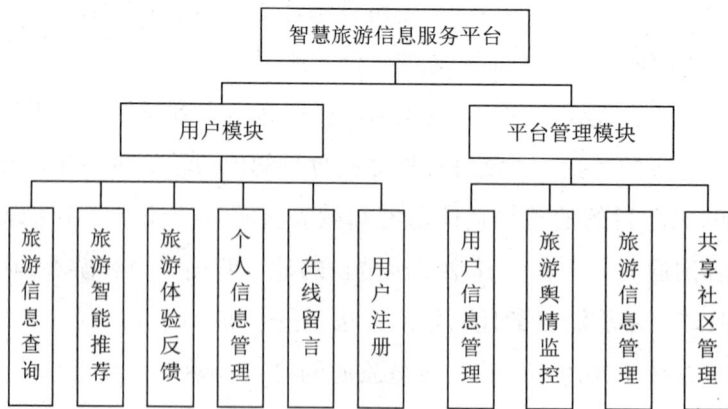

图2-5 智慧旅游信息服务平台

① 姜漓，连云凯，龙斌.广西智慧旅游网络营销体系研究［J］.现代商业，2018（34）：28-29.
② 谭莉，费文美.智慧旅游环境下智慧营销模式的构建与应用［J］.质量与市场，2021（13）：131-133.
③ 李晓华.智慧旅游视域下江西文旅企业线上营销能力提升策略分析［J］.产业创新研究，2021（19）：60-62.
④ 刘圆圆.文化和旅游部：国有景区年底全部实现在线预约预订［N］.人民政协报，2021-09-03（009）.
⑤ 张昊，任静.智慧旅游信息服务平台设计研究［J］.信息技术与信息化，2021（12）：68-71.

王谦（2015）提出了基于物联网管理模式的智慧旅游公共服务新平台（见图2-6），基于"四端联动、三位一体"IOT管理模式的系统思维，智慧旅游公共服务平台由资源平台、云平台和应用平台三大平台构成，资源平台提供准确、动态、共享的数据库为智慧旅游奠定基础，云平台即云计算平台，智慧旅游的云平台内部包括各类旅游机构子云、旅游统计云、旅游精英团队子云、旅游安全处理子云、旅游交通子云，还包括酒店专业云、美食专业云、景区专业云、精品线路云、景区天气云、旅游安全云等各种专业子云，各个旅游业务的专业云为智能处理进行支撑；应用平台包括各类旅游组织的管理平台和游客使用的客户平台，各种智能手机、平板电脑都可以作为智慧旅游的智能终端，将经过智能处理的信息转化为管理决策、优质服务，为智慧旅游的实际应用进行保障[①]。

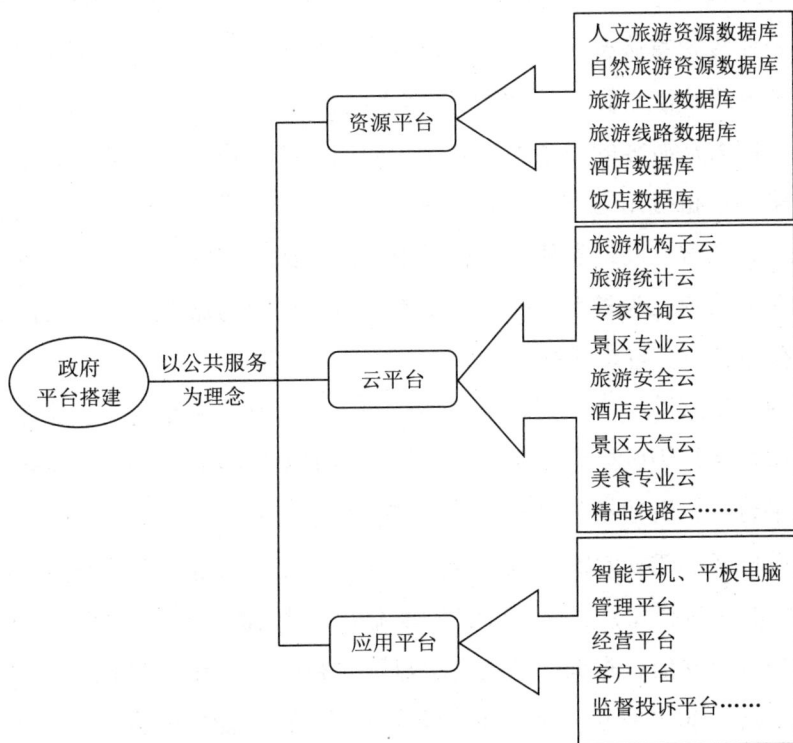

图2-6 智慧旅游公共服务新平台基本构架

"新冠"疫情暴发以来，我国旅游的服务重点转移为：在保障人民健康与安全的前提下，满足疫后旅游服务新诉求。旅游服务企业要提供更完善的旅游信息、定位服务、

---

① 王谦.智慧旅游公共服务平台搭建与管理研究——基于物联网模式下的分析［J］.西南民族大学学报（人文社会科学版），2015，36（1）：145-149.

智能支付、消毒杀菌、交互娱乐、驾驶监测等智能化设备，提升旅游者的舒适度、愉悦度和便捷度[①]，无接触服务成为新的需求和行为偏好，管理者为适应消费者需求，倾向于提供个性化、人性化的产品和服务。

七、城市智慧旅游应用架构

城市智慧旅游应用体系属多层结构，主要包括 4 个层次。

第一，基础设施，包括移动通信、网络中心、视频监控、景区票务、自动门禁、泊车收费、一卡通、大屏幕发布、环境监测等系统，主要为旅游信息化与智慧旅游提供信息实时获取、传输、管理与发布支持。

第二，城市级智慧旅游应用系统，按照服务、管理、营销划分，包括城市智慧旅游云服务中心及其支持下的公共服务平台、综合管理平台和公共营销平台。

第三，企业级智慧旅游应用系统，包括智慧景区、智慧饭店、智慧旅行社、智慧商场等，由其内部的智慧服务、管理与营销系统构成。

第四，面向大众游客的一系列智慧旅游应用系统，也称为大众级，主要以智能终端为载体，采用手机应用等方式，通过网上下载与主动推送，提供多样化的智慧旅游体验与服务。各层次之间信息相互传递，形成统一的集成化系统。在该体系中，云服务中心作为基础支撑，为各系统提供旅游者、旅游资源与旅游环境等数据的接收、组织、加工、存储、分发与共享服务。

新时代的智慧旅游城市建设趋于区块链、人工智能、大数据、云计算、物联网等前沿技术在中枢系统中的融合应用，力求提升中枢系统与节点的互联性转变。兰州建立以"两大平台（旅游数据信息平台、智慧旅游监管平台）＋一部手机游新区"为基础的智慧旅游框架，建立 GIS 定位、景点推介，强化对旅游景点及游客集散地、旅游线路路况信息的实时感知，实现全市游客客流量实时监测分析、景区（点）实时监管，同时为游客提供公共信息查询、景区情况显示、智慧导览等"一站式"服务，实现旅游"10 秒找空房、20 秒景点入园、30 秒酒店入住"的智能化体验[②]。

① 马聪玲，张雅俊.新冠疫情防控常态化下旅游客运企业智慧化升级路径探索［J］.价格理论与实践，2021（7）：155-158.DOI：10.19851/j.cnki.cn11-1010/f.2021.07.141.

② 张建平.新区以智慧城市建设铺开"数字化"转型之路［N］.兰州日报，2021-08-25（008）.

第三节　智慧旅游的评价体系

悠久的历史和复杂多样的地形造就了我国纷繁复杂的人文和自然旅游资源。改革开放后我国开始大力发展旅游业，加大了旅游资源整合的力度，旅游产业链不断延长，智慧旅游建设广度和深度不断加大，这就增加了智慧旅游建设的难度和对整体发展情况掌握的难度。

在实际应用中，智慧旅游的发展受到诸如政治、经济、社会等多种因素的影响，智慧旅游的建设所依赖的社会要素众多，内容涉及广泛，这也导致了智慧旅游相关工作十分复杂，各要素之间相互影响和制约，因此必须要做好相关安排。最先要做的就是对智慧旅游建设的现状和趋势进行科学分析、准确评价和预测，这是智慧旅游建设理论与技术的重要研究内容，也是智慧旅游科学发展必须要解决的课题。

智慧旅游评价就是对智慧旅游的建设进行测量，检验一个旅游目的地是否符合智慧旅游的建设标准，以及在哪些方面需要采取措施进行改进。智慧旅游评价以检测和评级为手段，以实现智慧旅游科学规划和建设为目的，应用系统工程的原理和方法对智慧旅游项目建设的现状进行识别和分析，判断智慧旅游的建设程度和发展阶段，并提出相应的对策建议，从而为被评价目的地的智慧旅游发展提供科学的依据[①]。

一、智慧旅游评价指标体系构建的紧迫性

从智慧旅游的发展情况来看，智慧旅游概念的混淆与泛化是其发展亟待解决的问题。智慧旅游概念引入我国的时间虽然短暂，但是对我国旅游业的影响巨大，很多地方很重视智慧旅游体系的建设。现阶段，智慧旅游概念被泛化：有些地方只是实现了智慧旅游的某一项或某几项功能就称实现了智慧旅游，有些景区只是引入了几项高科技的设备和系统也称自己是智慧景区。因此有学者提出质疑，认为现在我国智慧旅游的建设深度不够，并未达到智慧旅游的程度，只是解决了技术上的问题，顶多只能算是智能旅游。在智慧旅游规划建设的关键时期需要采取一种检测手段，辨别智慧旅游发展的真实进度。

---

① 刘利宁.智慧旅游因子分析评价与对策研究［D］.太原理工大学，2013.

二、智慧旅游评价指标体系构建的可行性

目前我国旅游目的地建立智慧旅游评价指标体系已具备的条件如下。一方面，在研究学界，智慧旅游的理论研究已经受到众多专家学者的关注，现有的研究成果为建立智慧旅游评价指标体系打下了良好的基础。另一方面，具有先进的科学技术和研究方法的支持。网络信息技术的发展为智慧旅游评价信息的获取提供了有力的支持，日益完善的评价理论和方法为智慧旅游评价模型的构建奠定了基础。

三、智慧旅游评价指标体系构建的困难性

智慧旅游评价标准还未建立，首要原因在于智慧旅游的发展时间相对较短，专家和学者对智慧旅游相关理论的研究相对较少。另外，智慧旅游发展迅速，产品类型也在迅速变化，处在动态的变化中，若要制定长期不变的原则和标准也不现实。再者，智慧旅游涉及的要素很多，有政府的、企业的、景区的、交通的、环境的等多个领域，这也给制定合适的智慧旅游原则和标准带来了困难。

智慧旅游尚没有一个统一的评价标准，智慧旅游评价的重点在于找出智慧旅游体系各组成部分的实际发展情况，并进行科学的管理决策，合理规划，将智慧旅游的建设成本降低，提高智慧旅游体系的整体工作效益，以期达到旅游者满意的最佳水平[①]。智慧旅游评价指标选取要遵循区域性原则、系统性原则、典型性原则与可比性原则[②]。智慧旅游评价工作有利于旅游管理部门迅速查漏补缺，从而进行科学的智慧旅游体系建设。

目前，旅游管理领域的多指标评价方法主要有层次分析法、灰色关联度分析法、模糊数学评价法、主成分分析法、德尔菲法、因子评价法等。

（一）层次分析法

层次分析法（Analytical Hierarchy Process，AHP）是把复杂问题中的各种因素通过划分相互联系的有序层次使之条理化，并根据对一定客观现实的判断就每一层次的相对重要性给予定量表示，利用数学方法确定每一层次的全部元素的相对重要性次序的权值，并通过排序结果分析和解决问题[③]。该方法适用于决策结果难于直接准确计量的问题，如旅游景点的选择等问题。但层次分析法不能为决策提供新方案，定性成分居多，难以令人信服，指标过多时数据统计量大，且权重难以确定，特征值和特征向量

---

① 刘利宁．智慧旅游因子分析评价与对策研究［D］．太原理工大学，2013.
② 王建军．广州智慧旅游评价指标体系构建研究［J］．中国集体经济，2020（32）：120-121.
③ 刘豹，许树柏，赵焕臣，和金生．层次分析法——规划决策的工具［J］．系统工程，1984（2）：23-30.

的精确求法比较复杂。

（二）灰色关联度分析法

灰色关联度分析法是一种多因素统计分析方法，以各因素的样本数据为依据，用灰色关联度来描述因素间关系的强弱、大小和次序，是一种建立、估计和检验因果关系模型的方法[1]。此方法工作量较少，但需要对各项指标的最优值进行确定，主观性过强。目前国内旅游管理领域中，灰色关联度分析常被用来探究旅游发展的影响因素，或被用来测评游客满意度。

（三）模糊数学评价法

模糊数学评价法是一种研究和处理模糊现象的理论和方法，此处的模糊性是指客观事物的差异在中介过渡时呈现的"亦此亦彼"的性质，模糊数学评价法就是运用模糊数学原理对要确定的事物通过模糊集合理论和隶属度函数理论对影响事物的各个因素进行单个评价，最后对评价对象做一个总体评价的一种定量综合评价法[2]。因为该方法的权重一般通过专家打分或层次分析法来确定，因此存在着一定的人为因素，具有一定的主观性。

（四）主成分分析法

主成分分析法是用几个较少的具有代表性的综合指标代替较多的原始指标的一种统计方法，能够消除各指标不同量级的影响和各指标之间相关性所带来的信息重叠，克服了综合评价中确定个体指标权重系数的问题，且评价过程不需要目标值，评价结果都是样本的个体值，可反映个体水平，也可反映样本在总体中的水平[3]。

（五）德尔菲法

德尔菲法又名专家意见法，德尔菲法是一种向专家进行函询的调查方法，组织者就拟订的问题设计调查问卷，通过函件分别向选定的专家组成员征询调查[4]。组织者针对要预测的问题单独征集专家的意见，各专家之间没有讨论，分别发表见解，组织者对专家的反馈意见进行整理、归纳，并将整理好的意见再匿名反馈给专家，再次征求意见，通过几轮咨询和反馈，专家们的意见趋于一致，最后获得最能代表专家组意见的判断结果。

作为一种主观定性的方法，德尔菲法不仅可用于预测领域，而且可广泛应用于

① 谭学瑞，邓聚龙.灰色关联分析：多因素统计分析新方法［J］.统计研究，1995（3）：46–48.

② 高妍.生态工业园区评价指标体系与评价方法研究［D］.哈尔滨工程大学，2007.

③ 高艳，于飞.一种用于综合评价的主成分分析改进方法［J］.西安文理学院学报：自然科学版，2011，14（1）：4.

④ 刘利宁.智慧旅游评价指标体系研究［J］.科技管理研究，2013，33（6）：5.

各种评价指标体系的建立和具体指标的确定过程[①]。目前德尔菲法已被广泛应用于城市管理、企业管理、教育、卫生、社会保障、经济管理等很多领域的评价指标体系设计中。

广泛的应用表明德尔菲法在评价指标体系的建立方面具有相当大的优势和价值。但德尔菲法耗时较长，且易受专家学者们的主观因素左右，部分咨询意见缺乏深刻论证，评价结果的准确性难以保证。

（六）因子分析法

因子分析法是指从研究指标相关矩阵内部的依赖关系出发，把一些信息重叠、具有错综复杂关系的变量归结为少数几个不相关的综合因子的一种多元统计分析方法。基本思想是：根据相关性大小把变量分组，使得同组内的变量之间相关性较高，但不同组的变量不相关或相关性较低，每组变量代表一个基本结构，即公共因子[②]。因子分析法是主成分分析法的发展。

综合智慧旅游的特征、建设的基本思路和推进模式，运用以上几种评价方法，可以构建出智慧旅游的评价指标体系。刘利宁（2013）通过运用德尔菲法，得出智慧旅游的评级体系主要分为三大部分：硬件支撑体系、综合应用系统和应用价值评价。具体如表2-2至表2-4所示。

表2-2　智慧旅游硬件支撑指标体系

序号	一级指标	二级指标
1	基础网络	光纤接入覆盖率、无线网络覆盖率、户均网络带宽、宽带用户普及率、移动电话普及率、3G用户渗透率
2	物联网应用平台	物联网终端适配和信息采集水平、M2M平台性能、业务能力开放服务、用户终端、（LED、GPS、智能导航仪等）
3	云服务平台	数据的计算处理、数据存储、通信（数据传输）、信息安全（物理安全指数、数据安全指数）
4	网站平台	互联网门户、手机WAP门户和多媒体IVR门户

[①] 庄文雅，谢勇.AHP和Delphi在通信设备节能减排评价指标体系中的应用［J］.科技致富向导，2011（27）：2.

[②] 李瑞璇，王学思.基于因子聚类分析的专利综合评价研究［J］.现代情报，2012，32（9）：6.

表2-3　智慧旅游综合应用系统指标体系

序号	一级指标	二级指标
1	公共安全管理	智能红外视频监控系统、周界红外报警系统、电子巡查系统、火灾自动报警系统、食品流通追溯系统、游玩设备管理系统、旅游资源保护
2	景区环境监测	景区环境容量监测、景区环境质量监测
3	景区能源管理	景区智能路灯管理、用电监管系统、电能质量监测系统、太阳能综合利用系统、用水监管系统、自动苗木灌溉系统
4	办公管理	办公自动化、指纹考勤办公系统、景区可视对讲系统
5	景区票务管理	开放式门禁、景区电子导游、人员定位、人员疏导、人员救援、景区旅客容量指标实时统计分析
6	景区医疗	景区卫生服务、远程医疗、远程监护、移动医疗、体检疗养
7	旅游交通	旅游交通指挥中心、信息服务、安全保障、特殊服务模块、车辆追踪、停车场管理、旅游交通一卡通等
8	公共发布平台	旅游门户网站（保护品牌展示、在线服务、电子商务、互动交流、系统分析等模块）；公共信息发布系统（包括公共广播系统、LED屏幕显示系统）
9	智慧酒店	建筑基础设施体系、服务管理系统
10	智慧购物	个性化电子超市、电子支付系统
11	虚拟旅游	虚拟景观游览、虚拟旅游社区、信息查询、旅游电子商务、旅游营销

表2-4　智慧旅游应用价值指标评价体系

序号	一级指标	二级指标
1	社会效益指标	旅游地顾客满意度指数、旅游地环保投入额、旅游地居民环保意识、政府行政效能指数、旅游代理服务效能指数、运营商服务满意度指数、旅游业从业人员大专及以上文化程度比重
2	经济效益指标	入境旅游者人数、国内旅游者人数、旅游总收入、旅游业GDP；网上旅游产品成交额、家庭旅游消费支出占总消费支出的比例、旅游消费者网上购买旅游产品率、旅游企业效益指标（包括营业收入利润率、固定资产利润率）

　　智慧旅游建设是一个长期的过程，智慧旅游的评价指标体系的研究也还处于起步阶段，编制智慧旅游的评价指标体系也需与时俱进，需要不断修改完善，各指标的确定也需要在实践中不断调整。

Part 3

第三章 智慧旅游要点破解

现代科技产品在旅游产业的应用丰富了游客的视觉与感官体验，层出不穷的新奇产品，如虚拟现实产品，全息投影等为游客打开了全新的视野。科技为文化装上了翅膀，文化在科技的助力下以更快的速度向更高的层次迈进，科技使得文化可视、可感、可触，使无形的文化生动地展现在游客面前，游客不仅可以现场体验，还可以在家以及任何地方随时随地体验文化。文化为科技注入了内涵，文化的加成使得科技不再是冰冷的机器与数据，科技变得有温度、有光辉，文化为科技注入了历史的绚烂色彩，使得科技散发的魅力更加迷人夺目。

文化与科技之间究竟"如何融合"，其具体呈现的模式类型又有哪些，这吸引着学者与业界的探索目光。李凤亮与宗祖盼（2016）认为，文化科技融合创新是一个复杂而庞大的"系统工程"，其涉及主体和行业之多、影响范围之广泛、战略意义之重大等，都需要我们站在更为广泛的视域去探究文化与科技的融合模式和呈现形态[1]。彭英柯与宋洋洋（2013）指出文化科技融合的实质是产业融合，并将文化科技融合机制（见表3-1）分为生产方式进化型与产业分工异化型两大类，其中生产方式进化型融合主要依赖技术条件支持，其融合路径分为生产方式外延式融合与生产方式内涵式融合两种；产业分工异化型融合的驱动力则完全依赖企业跨产业多元化发展的意愿，融合路径分为新生产业和产业内新部门两种[2]。

---

① 李凤亮，宗祖盼. 文化与科技融合创新：模式与类型［J］. 山东大学学报（哲学社会科学版），2016（1）：34-42.

② 彭英柯，宋洋洋. 文化科技融合理论研究——基于产业融合机制角度的分析［J］. 经营与管理，2013（8）：75-78.

表 3-1　文化科技融合机制

融合类型	融合动机	融合条件	融合路径	融合实例
生产方式进化型	通过高效生产追求超额利润	技术条件、经济性要求、无壁垒	外延式融合	电子书与传统读物、3D 电影
			内涵式融合	宽带技术引发各类文化业消费
产业分工异化型	追求规模经济和范围经济	经济性要求	新生产业	文化旅游、网络出版、网络教育
			产业内新部门	水晶石、华强等企业的跨越发展

陈少峰（2013）认为，文化与科技融合的主要方向体现在数字文化产业的新模式上，该模式可细分为娱乐体验模式、延伸产业链模式、平台模式、消费模式、技术支撑模式与营销模式[①]。尹宏（2014）探索了文化与科技融合的路径，分别为引发文化业态新生、拉动文化产业价值链提升、加速文化产业商业模式创新三种[②]。崔木花（2015）总结归纳了国内外文化与科技融合的 5 种模式：政府主导驱动模式、市场导向驱动模式、政府和市场共同驱动模式、文化创意企业驱动模式与产学研互动驱动模式[③]。

文化与科技的融合催生了旅游消费新业态。尤其是在"新冠"疫情下，信息技术不仅便利了旅游消费过程，还创新了旅游消费模式。李凤亮和杨辉（2021）认为文化与科技的融合催生了文化演艺旅游、博物馆旅游、乡村旅游、生态旅游等新业态，而且促使疫情下的旅游消费呈现定制化、理性化、沉浸化、网红化趋势[④]。文化科技融合创新也受到众多因素的影响。

文化与科技的融合是旅游与智慧融合的本质和核心，其创新的复杂性与多样性，与当前所处的文化、科技、产业和政治环境息息相关，更受到个体创新、技术革命、市场变迁、政策环境等因素的深刻影响。费瑞波（2017）从行业层面对影响文化科技融合创新的关键因素进行了实证分析，验证了行业竞争、技术创新、文化消费需求及企业对利润的要求四个因素的影响[⑤]。因此，有必要对智慧旅游的逻辑机制进行梳理，并对其中的关键点深入剖析。以下便从智慧旅游的重点、痛点和拐点三个角度对智慧旅游进行解读。

---

① 陈少峰.以文化和科技融合促进文化产业发展模式转型研究［J］.同济大学学报（社会科学版），2013，24（1）：55-61.

② 尹宏.我国文化产业转型的困境、路径和对策研究——基于文化和科技融合的视角［J］.学术论坛，2014，37（2）：119-123.

③ 崔木花.文化与科技融合：内涵、机理、模式及路径探讨［J］.科学管理研究，2015，33（1）：36-39.

④ 李凤亮，杨辉.文化科技融合背景下新型旅游业态的新发展［J］.同济大学学报（社会科学版），2021，32（1）：16-23.

⑤ 费瑞波.文化科技融合创新关键影响因素的实证分析［J］.统计与决策，2017（9）：107-110.

第一节　智慧旅游的重点

以技术为支撑、以营销为目的、以体验为手段是智慧旅游产品和服务开发的核心思想。基于这个视角，智慧旅游是以旅游中的自然资源、人文资源以及人员活动作为一个动态的有机整体。

从感知游客潜在需求，到旅游企业适时调整商业模式及方式并依托技术满足游客需求，再到政府等部分对市场进行高效监管和规范，最终满足游客日益多元的个性化旅游需求，在这个看似简单实则复杂的开放系统中，我国还有很长的路要走。基于当前现状，我国智慧旅游建设的重点主要放在面向体验的服务创新与改进、面向管理的多方协同与规范、面向资源的充分衔接与整合，以及面向技术的全面覆盖与应用四个方面。以下便针对该四点展开分析。

一、面向体验的服务创新与改进

智慧旅游不仅是传统旅游的升级，更意味着一种服务升级。当游客到达一个陌生的旅游目的地之前，总是希望通过最快、最便捷的途径来了解有关这个城市的各种信息，方便自己在这个城市的游览观光。在到达旅游目的地的时候也需要实时对其感兴趣的旅游信息进行认知和选择，以达到自己预期的旅游体验。

Pine II 与 Gilmore（1998）根据旅游者参与的主动性与投入程度，将旅游体验划分为娱乐型体验、教育型体验、逃避型体验和审美型体验 4 种类型，认为每个旅游者的旅游经历都是以上 4 类体验不同程度的结合[①]。4 类体验的中心集合点就是美好的甜蜜地带，在这个地带，活动对象达到一种"畅爽"境界。

智慧旅游以个性化的体验服务吸引旅游者，用高层次的服务为旅游者带来符合其愉悦感的审美体验感受，这是智慧旅游体验的目标，也是智慧旅游的核心[②]。在旅游需求升级的当下，游客需求的多样化、柔性化、个性化特征日趋明显，游客对旅游产品的知识性、差异性、延伸性、参与性与补偿性要求程度不断提高[③]。这也由此引发了学者对旅游产品创新的思考。Fyall，Garrod，Leask & Wanhill（2008）组合市场与资源，

[①]　Pine II. B. J., Gilmore J. H.,（1998）, Welcome to the Experience Economy［J］. Harvard Business Review，76.

[②]　岳婧雅.基于信息技术的智慧旅游体验平台搭建与管理创新模式研究［J］.管理现代化，2017，37（2）：41–43，77.

[③]　袁尧清，任佩瑜.产业融合域的旅游产业结构升级机制与路径［J］.山东社会科学，2016（1）：119–123.

提出了追随型、灵感型、新版型和奇观型四种旅游产品创新类型[①]。虚拟旅游、夜间旅游、露营旅游、房车旅游等业态的火爆为旅游产品大家族增添色彩，也不断刷新着游客的旅游体验。

创新旅游产品与服务十分考验旅游提供者的智慧和创造力。对于旅游者服务这一消费终端，供应者需要有敏锐的感知力和洞察力去察觉游客需求的刺激点、做出选择的触发点和提升体验的关键点，并基于充足可靠的数据支撑和技术支持、友好舒适的旅游环境和完善规范的市场环境，提供便利化、个性化、精确化的高质量旅游服务。其中，旅游者随身携带的移动终端和分布在行程特定位置的展示与服务终端将是重要的沟通平台。

二、面向管理的多方协同与规范

旅游行业规范高效的管理运作是提供优质旅游产品的有力保障。智慧旅游的发展颠覆了传统旅游业的管理形态，推动着旅游行业管理方不断进行调整。涉旅企业、旅游相关政府部门、相关组织机构等组成的智慧旅游管理体系成为智慧旅游发展的关键。

当前，不同业态、不同发展阶段的旅游经济实体大多已经各自建立了多种信息化管理体系，但各自为政的信息化建设导致不同信息平台承载的服务环节信息处于相对独立状态，产生了信息孤岛。同时，一些城市的旅游资源管理主体不够清晰，形成了多头并管的局面，造成管理混乱、相互制约、缺乏协调统一的局面。这种多头管理、区域分割和分散管理的现状，造成旅游信息分布不均衡，信息渠道不通畅，难以形成覆盖旅游行业全局的管理信息体系[②]。

由此，建立统一标准的智慧旅游管理体系，成为各方探讨的重要问题。完善的体制规划是产业发展的前提与保障，旅游行业信息化管理体制的完整规范和有关各方管理体系的高效协同成为智慧旅游发展的必要条件。

多方协同、全面覆盖的旅游管理体系建设是旅游业发展的大势所趋，也是智慧旅游建设的重要组成部分。有关各方应及时意识到这一重要性，积极搭建平台、开展协作，通过价值共创共享机制，将不同产业有机融合，进一步扩大旅游产业边界，扩展旅游产业运行空间，以友好平等、互利共赢的原则达成协调各方、开放高效的管理体系和规范，并在实践中加强合作，充分利用信息化和智慧管理的便利成果。

---

①　Fyall A. Garrod B. Leask A. Wanhill S.，（2008），Managing Visitor Attractions：New Directions second ed. Butterworth Heinemann Oxford

②　海南.智慧旅游成全国多地旅游规划重点内容［J］.中国投资（中英文），2012（24）：3.

三、面向资源的充分衔接与整合

城市是旅游活动的集散地，是游客到达旅游目的地的第一落脚点与最后接触点，城市的设施与服务的优劣在游客对此行程满意度的评价中占据着重要作用，也从一定程度上影响着游客对该旅游目的地的印象。城市基础设施建设、环境卫生、治安管理、金融服务、通信服务、医疗保健、公共服务等很多因素都会不同程度地影响城市的智慧旅游系统。

智慧旅游的建设需要与外部智慧城市建设和内部各子系统的建设进行充分衔接与整合。智慧旅游的建设是一项庞大的工程，需要城市内部上从政策法规，下到设施设备的全方位保障，这个链条上的每一个节点都扮演着重要的角色，都是必不可少的一环。城市景区（点）、酒店、交通等智慧设施作为游客直接接触的"前台"，以数据资源为核心的物联网与互联网系统提供"后台"支撑，二者的完全连接和融合，才能将智慧体系的用处发挥得当，配合紧密。智慧旅游用网络、通信等技术把涉及旅游资源各要素联系起来整合为旅游资源核心数据库，为游客提供更高阶的信息服务，智慧的旅游服务基础设施，为游客提供旅游互动体验，二者共同为提升游客满意度而服务。

智慧旅游管理模式顺应了大数据时代的发展需求，在提升旅游资源优化配置效率、增强游客体验满意度、推动地方旅游产业升级优化等方面意义重大[1]。通过智慧管理，能够实现旅游产业链上下游各个关键系统高效协作，达到城市旅游系统运行的最佳状态；通过指挥交通，可以及时准确地掌握游客的旅游活动信息，实现行业监管的动态化、适时化；通过智慧城市，旅游产业可以与公安、工商、卫生、质检等部门进行信息共享与协作，实现对旅游投诉以及旅游质量问题的有效处理，维护旅游市场秩序；依托智慧酒店、智慧餐饮，全面了解游客的需求变化、意见建议以及旅游企业的相关信息，实现科学决策和科学管理。

依托目的地旅游资源、市场资源、技术资源、人才资源等资源，旅游产业链相关方密切配合，并将资源充分信息化，通过统一平台、互通端口、人员交流、共办活动、共建组织等方式实现各自资源的衔接和信息的交流，优势互补、共同发展，实现资源的最优化配置和信息化的最大化利用。

四、面向技术的全面覆盖与应用

旅游产业是高度依赖"信息"的产业，正是"信息"造成了旅游产业的价值流动。

---

[1] 宋黎娜. 基于大数据背景下智慧旅游管理模式探讨 [J]. 经济研究导刊, 2021（30）: 152–154.

如果说智慧旅游是一幢大厦，那智慧旅游技术应用就是贯穿其中的钢筋，它连接着智慧旅游的每一个节点，支撑着整个智慧旅游框架，没有技术，智慧旅游则无从谈起。智慧旅游对传统旅游业的"底层格式化"最大限度地满足了游客个性化需求并提供定制化服务，实现旅游资源和社会资源的系统化、集约化管理，从根本上改变旅游行业形态和旅游经济格局。技术的全面覆盖与应用成为实现这一切的必要前提。

技术的覆盖与应用是智慧旅游的手段和途径。步入"十四五"时期，国家对旅游领域新技术的应用给予高度重视，提出加快推动大数据、云计算、物联网、区块链及5G、北斗系统、虚拟现实、增强现实等新技术在旅游领域的应用普及，以科技创新提升旅游业发展水平，加速智能旅游公共服务、旅游市场治理"智慧大脑"、交互式沉浸式旅游演艺等技术的研发与应用示范①。

智慧旅游所涉及的每个子系统都正在或将要进行广泛而精细的技术升级。以景区为例，首先，景区在"新冠"疫情之下构建合理高效的门票预订系统是进行升级的第一步。其次，加强景区内部智慧管理，如利用大数据合理控制景区客流量，防止景区环境容量超载，保证游览空间的舒适度。最后，景区要建立快速响应的舆情监管报警机制，保证突发事件发生时能够得到快速恰当的应急处理。

第二节　智慧旅游的痛点

自20世纪80年代以来，通信技术完全改变了旅游的商业模式和结构。特别是近10年以来，云计算、虚拟技术的发展进一步加快了旅游信息化的进程，也颠覆了传统的旅游管理模式、营销模式、游客需求和消费模式。通信技术极大地提高了数据传输的效率，进而促进了社会整体信息的传播速度，也驱动着旅游市场交互方式的改变。例如，为游客提供优质的决策服务，满足游客多元、实时的个性化需求，提高旅游资源与社会资源的配置效率，提高资源的持续利用率等。

旅游在促进社会经济发展、促进就业和文化交流方面的重要作用不言而喻，离开惯常环境前往异地的旅游活动是现代人的基本权利和需求，这对增加居民幸福感发挥着巨大作用。如何发挥"智慧旅游"优势，克服发展过程中可能存在的信息障碍，避免旅游权益的失衡，共享旅游信息化成果，理应成为旅游学界和管理部门关注的问题。

---

① 李志刚.坚持创新驱动　推进智慧旅游［N］.中国旅游报，2022-01-26（002）.

一、面向体验：智慧旅游行业认知及智力支持不足

目前在各旅游行业中，一些大型旅游企业主动采用信息化手段和技术，并以此来拓展旅游业务、加强旅游营销、提升服务质量、提高管理效率。另外，还有一些新兴旅游业态，为创造新鲜感、吸引客流，运用一些数字技术打造新产品。除此之外，一些主动改革的小型旅游企业并不多。可见，主动寻求"智慧化"的企业往往业务综合性较强，对信息化的需求迫切，同时又具有一定的经济实力，相对更容易开展智慧旅游建设。而那些小型企业往往因为旅游业务相对单一、企业规模较小、资金财力不足等众多原因，未能搭上"智慧旅游"前进的列车。对于整个行业来说，全面开展智慧旅游建设仍是任重而道远。

智慧旅游归根结底是"人的智慧"。智慧设施是由人驱动的为游客带来优良服务体验的机器，而且，智慧旅游体系的开发和运营对旅游人才的要求非常高。但与其他行业相比，旅游业的人才吸引力相对较低，智慧旅游的人才问题更加突出。目前智慧旅游的建设中，高质量的旅游接待业专业教师队伍建设欠缺，深度应用互联网技术辅助教学的程度还不够[1]。

智慧旅游建设人才需要精通物联网、云计算、移动互联网等高新技术，这样的专业队伍目前处于相对匮乏的状态。目前可行的措施包括依托院校强大的教育资源与国内智慧旅游行业领军企业合作，鼓励智慧旅游行业、企业以多种方式参与智慧旅游建设的人才培养。例如，通过合办方式提供学生实习实训场所，建设智慧旅游人才基地，培养适合智慧旅游企业的高技能人才；聘请智慧旅游行业专家担任专职兼职教师；与智慧景区、智慧酒店等行业签订"智慧旅游人才订单班"等；签订定向培养合同等，为智慧旅游的发展提供强有力的智力及人才支持，也为全面提高现有智慧旅游专业人才的素质，建立起一支既懂旅游又懂智慧旅游技术的专业化人才队伍打下基础[2]。

在企业中，我们也要打造一支强劲的智慧旅游人才队伍。加强企业内部人才评价和考核，优化人才结构；在企业内部推行师徒制，实现高效带教；加强顶层设计，规范景区信息化建设，加快智慧旅游业人才培养，提升人才胜任力[3]。

---

① 陈吉韵.数字驱动行业背景下高校旅游课程建设研究——以"旅游接待业"为例［J］.教育教学论坛，2021（44）：150-153.

② 周继霞."互联网＋"背景下的旅游管理专业人才培养模式改革研究——以重庆工商职业学院为例［J］.旅游纵览：下半月，2018（8）：1.

③ 陈宇，唐永芳.智慧旅游人才胜任力模型构建研究［J］.武汉商学院学报，2021，35（5）：89-92.

二、面向管理：管理权属复杂，投资与利益主体错位影响持续运营

智慧旅游的发展分为两种思路。第一种是市场主导式，一些西方发达国家目前就采用这种方式，政府将主动权让位给市场，由市场积蓄力量自然发展。第二种是政府主导式，以新加坡、韩国为首的东亚国家会采取这种方式，这种方式一般基于政府推动经济的思路，因地制宜，推出各自不同的智慧旅游发展战略，并利用政府整合资源的优势，实现了集成服务系统。

我国目前选择的是第二种方式，政府充当智慧旅游建设的主导者。该方式的优势在于政府作为主导者能整合各种资源优势、协调各方关系，从而节约资源，提高效率。同时，政府作为主导者，具备长远的眼光，能够高瞻远瞩，提出具有前瞻性、科学性、系统性的顶层设计；又能从地方实际出发，实事求是，争取每一步计划都能与当地发展现实状况相匹配，不会落后，也不会过分超前，使实施的每一步都具有可操作性。

目前，我国智慧旅游管理上存在两个问题。一是管理权属不清的问题。旅游行业涉及的管理部门众多。各部门在旅游行业职能交叉、管理范围重叠，地方文旅部门、住建部门、交管部门、民宗委、工商部门等都要参与协调旅游活动。复杂的管理权属使得旅游行业在协同发展上具有较大的难度，也让建设包括融合多部门大型数据平台在内的智慧旅游难上加难。二是主体错位问题。多数智慧旅游试点城市没有从利益主体出发决定投资主体及其责权利。政府担任投资者，开发了一些具有商业价值的系统，企业担任服务提供者，承担了智慧旅游系统的公共服务，游客作为服务接受者，在旅游活动中获得体验。主体错位造成的后果是智慧旅游项目建成后短期内有一定的使用效果，但缺乏长期的持续盈利机制。

值得思考的是，系统长期维护需要花费大量的资金，如果政府无力承担，谁来承担？持续投资不足将会导致持续发展困难的局面。因此，在"智慧旅游"建设过程中应积极借鉴国内外先进思想和建设运营模式制定长期运营策略。

在智慧旅游的发展过程中，一定要让不同的角色发生各自的作用。政府既要适当放手，让市场的价值与作用得到充分发挥，又要绷紧底线，对市场中的不规范行为进行适当干预。市场主体要在政府划定的红线内大力发展，想人民之所想，为满足人民群众美好生活需求不断努力，使智慧旅游系统呈现出一个欣欣向荣的局面。

三、面向资源：行业缺规范、建设缺规划、整合缺平台

智慧旅游的数据不是纯数据，它更多地需要资源的整合。城市政府在政策号召下，

跟随智慧旅游大潮，建设了诸多落地工程，但有很多是"表面功夫"，如旅游资讯网、城市旅游 App 等，其中很多均数据陈旧，仅在建设初期进行过一次性的数据采集，建成之后便缺少人员和资金负责更新数据，后续维护跟不上，导致工程趋于荒废。

智慧旅游必须打破传统的条块分割局面，并通过产业融合、区域合作、虚拟联盟等方式打造跨地区、跨行业、跨平台、跨企业、跨部门的一体化和多元化智慧旅游平台。该平台要着眼于整个旅游产业链，打造从上游的旅游资源供应商（如人、财、物等资源供应商）到中游的旅游运营服务商（如酒店、景点），再到下游的旅游分销渠道商全线贯通的旅游服务链条，由此，中小旅游企业能够利用平台的集中资源优势，减少信息化建设投资与运营成本。同时，上、中、下游全产业全方位地参与也能够促进资源与数据的双向流动，使平台发挥更好的作用，从而使利用效率达到最大化。

我国的智慧旅游建设，虽然国家文件指明了方向，有些也开启了试点，但总体的进程仍然难以把握。顶层设计不够明确，没有模范的范本，导致部分先导性不足的城市在智慧旅游建设中如无头苍蝇，什么项目热门就全盘复制什么项目，甚至为了博话题、引流量上线了一批质量不佳的网红项目，到最后反而败光了城市积累的好感度。面对这种情况，地方旅游部门必须严格把关，为城市智慧旅游发展引领好大方向。旅游目的地也要有自己的规划，优秀经验可以借鉴，但要结合自身自然与文化资源，选择最适合自己的方式，打造最适当的项目。

而且，值得注意的是，智慧旅游平台不能局限于旅游企业，必须兼顾与其他单位或行业智慧平台的无缝链接，还需要兼顾与其他地区或国家的智慧平台的无缝链接，以期实现全球互联互通的长期目标。

四、面对技术：数据难获取，技术难关联

如果说信息技术正在重新创造现代旅游业，那么数据则是让这份"创造"成为可能的关键。大数据、云计算、人工智能、物联网等技术都需要充分的数据作为支撑才能保障技术的不断优化改进。但当前智慧旅游发展过程中数据信息获取面临诸多障碍：一是旅游信息资源的时空差异性，二是海量旅游信息的甄选与挖掘障碍，三是智能化旅游信息的附加获取成本，四是旅游资源的稀缺性和不均衡性。

由于目前智慧旅游尚处于萌芽阶段，因此旅游大数据的挖掘分析作为智慧旅游的核心，尚存在诸多问题和挑战，大数据与传统数据在数据量比例上具有巴列特定律"二八原则"特性。当前合理充分利用大数据面临着两大问题：一是如何进行挖掘并分析大数据，这是目前最大的挑战；二是数据背后的关联在哪里，以及这种关联对于游

客、旅游企业以及旅游行政管理部门分别能够起到什么样的作用，能够提供什么样的服务，这都是需要仔细琢磨的。除此之外，大数据目前还面临收集、管理、安全等问题。以上这些问题都有待于将来研究解决。

第三节 智慧旅游的拐点

智慧旅游在提供优质服务的同时，可以预测旅游发展未来的趋势。如通过预测游客需求的潜在变化，智慧调整旅游的经营策略，形成一个可持续的旅游发展模式，而不是对一个旅游目的地进行盲目的经营、开发和规划。智慧旅游给景区、酒店、旅行社带来了新的业态、服务理念和经营理念，这对整个旅游产业的发展都会产生积极的影响。

一、用政府政策引导释放市场活力

我国智慧旅游进程开始于 2012 年。国家旅游局于 2012 年 5 月 25 日确定了首批 18 个智慧旅游试点城市，但受限于技术、经济等现实条件，智慧旅游城市建设一直进展缓慢。2015 年出台的《关于进一步促进旅游投资和消费的若干意见》（以下称《意见》）更是明确提出，"旅游业最终要融入互联网时代、用信息技术武装中国旅游全行业，加快旅游现代化、信息化、国际化步伐，预计到 2020 年，全国 4A 级以上景区和智慧乡村旅游试点单位实现免费 Wi-Fi（无线局域网）、智能导游、电子讲解、在线预订、信息推送等功能全覆盖，在全国打造 1 万家智慧景区和智慧旅游乡村"[1]。

2021 年，《中华人民共和国国民经济和社会发展第十四个五年规划和 2035 年远景目标纲要》出台，也为我国下一阶段的智慧旅游发展奠定了基调。旅游业处于重要战略机遇期，科技创新为旅游业赋予了新动能。消费场景营造、便利支付以及社交分享都要充分应用数字化、网络化、智慧化成果，升级旅游业态，创新产品与服务，加快推动大数据、云计算、物联网、区块链及 5G、北斗系统、虚拟现实、增强现实等新技术在旅游领域的应用普及，以科技创新提升旅游业发展水平[2]。

旅游市场利益相关者要积极发挥主动性，把握住旅游战略创新的风口，转变思维，

加快技术应用速度，紧跟时代和市场发展，争取在下一波浪潮袭来之前占据高点。

二、用体制机制创新激活市场动能

发展智慧旅游，由于采用"互联网+"实现"旅游+"，形成了不同产业互联互通，即智慧旅游实现了相关服务产业的互联，对经营的发展趋势先实现了可视化预测的生态平台，这样可以对产业的商业发展前有一个比较好的把握，游憩通过旅游产业链上下游的数据交换和分析就会对各参与者的商业前景有更加科学准确的预测。例如，旅游在发展过程中，可以用"互联网+"实现与金融的互联，与乡村的互联，与交通的互联，与景区、饭店、旅行社的互联互通，形成创新性的旅游商业生态平台。

智慧旅游要考虑多主体的利益，政府管理部门、旅游者、旅游企业与区域居民四个角色及其之间的关系都应被包含在内，由此构建以企业为主体、以市场为导向，产、学、研相结合的旅游业创新体制机制，建立多利益主体模型。该模型要考虑四方面的关系。一是政府与运营企业关系（G2E）：政府收税，购买企业服务。二是政府与旅游者关系（G2T）：政府免费提供信息服务与应急管理，收集旅游者旅游状态信息。三是运营企业与旅游者关系（E2T）：企业免费提供旅游信息服务、有偿提供旅游资源与推荐旅游产品，旅游者享受服务、购买旅游产品。四是政府、区域居民与运营企业关系（G&R2E）：政府利用税收免费服务当地居民，运营企业通过服务补偿区域居民、向区域居民出售旅游产品[①]。

三、用文化科技融合升级市场业态

近年来，文旅融合的概念在旅游学界和业界不断掀起高潮，也直接将文化、旅游、科技深度融合发展引领为旅游产业发展的"康庄大道"。众多实践项目证明科技手段和元素实现了文化、创意与旅游的跨界融合，并能取得良好的市场效益。例如，《宋城千古情》演艺系列以文化为魂，创新主题公园与旅游演艺双赢发展；江苏南京秦淮灯会通过灯景融合、文娱同步、招商联动、科技支撑等有效举措，彰显文旅融合新生态。但是文旅市场也呈现鱼龙混杂的状态，产品良莠不齐，产品同质化严重、产业链条单一、文化意识不强等问题日渐突出，往往一个项目收到较好的市场反应，资本就一拥而上，但质量却难以保证，造成原本的项目口碑下跌。另外，旅游业对科学技术的应用也总体比较薄弱，科技对旅游业的推动还没有充分显现。

如何解决这些问题？如何促进文、旅、科更好地融合发展？这要求未来旅游开发

---

① 张凌云.智慧旅游：个性化定制和智能化公共服务时代的来临[J].旅游学刊，2012（2）：3.

者以更加开放的眼光深入挖掘、合理利用厚重的历史文化资源，充分发挥科技优势，通过科技来提升文化旅游价值，创新思维，利用现代科技手段充分展示丰厚的历史人文景观，推动文化旅游产业实现可持续发展。要充分挖掘旅游消费和投资潜力，加快推进文化旅游产业提质增效、转型升级。

展望中国旅游业未来十年，科技创造的层出不穷和科学技术的广泛应用，必将为中国旅游业插上腾飞的翅膀。

四、用人才智力支持优化市场资源

旅游业的不断前进，必须要保障人才智力的后援与支持。新技术的出现对于传统的旅游模式造成了较大的冲击，这也催生了旅游人才培养模式的转变。旅游人才的培养要与时俱进，才能适应时代发展，更好地满足市场需求。

目前，智慧旅游建设人才新需求包括以下几点：一是新媒体营销人才，二是个性化服务定制人才，三是智慧景区建设管理人才，四是跨界复合型人才[①]。因此，高校在培养智慧旅游人才的时候，也应当要学会结合当前时代的发展形式和需要，明确人才培养目标，并从人才培养理念、课程体系设置、教学管理模式三个方面建立适用的人才培养模式，建立可靠的人才培养保障制度[②]。

此外，充分发挥龙头企业带动作用，通过线上线下平台实现创新要素聚集，并结合落地城市的资源优势、产业基础和生态环境，在全国多地建设和运营了集科技服务、企业孵化、创业指导、创新研发、成果转化、人才培育和生活服务等多功能为一体的创新创业综合体，为发展新经济、培育新动能提供强力的支撑。

总之，在智慧旅游的背景之下，旅游管理专业应培养既有理论又有技能还懂新科技的应用型旅游管理人才。而应对这一人才培养模式，师资建设、课程设置、培养方式以及实训室的配备，都要应对时代的需求做出改进。

---

① 胡晓聪."互联网+"背景下旅游人才培养模式探讨［J］.商业经济，2015（10）：70-71.
② 刘莹英.高校旅游人才培养研究——基于"智慧旅游"的视角［J］.四川旅游学院学报，2014（4）：78-80.

实践案例篇——智慧旅游处处行

Part 4

第四章　景区场景应用：让风景更有趣

智慧旅游是旅游与信息技术的有效融合，使旅游体验充满新奇与智慧。智慧旅游虽然没有改变旅游的性质，但实现了旅游产业从过去的服务模式向智能服务模式的跨越。智慧旅游使信息获取更方便、更全面、更准确。它可以对旅行做出精细准确的安排，减少未知因素和突发事件，使旅行愉快、轻松。智慧景区是智慧旅游技术在景区的应用，利用数字化手段和技术支持，优化游客体验，提升景区统筹管理、运营能力，数字化升级改造使景区更加智能。智慧景区的发展应以提升旅游体验质量为最终目标，通过提供周到细致的服务，满足游客的个性化需求，契合游客最初的旅游动机，为游客提供高期望、高满意度的旅游体验。

第一节　智慧景区理论基础

一、"智慧景区"的概念和内涵

智慧景区是指通过智能网络，对景区地理事物、自然资源、旅游者行为、景区工作人员行迹、景区基础设施和服务设施进行全面、透彻、及时的感知；对游客、景区工作人员实现可视化管理；同旅游产业上下游企业形成战略联盟；实现景区环境、社会和经济的全面、协调和可持续发展[1]。严明（2012）提出智慧景区应在景区特色的基础上，融合最新的管理理念、科技成果，构建智慧网络[2]。智慧网络将用于景区管理，

---

[1]　秦佳良，涂铁涵.庐山风景区营销现状、问题及策略分析［J］.现代商业，2021（7）：88-93.

[2]　Yan, M.（2012）. Smarter tourism and its development–a case of Nanjing city in Jiangsu province. Ch Econ Tr Her 7（20）：75-77.

保护旅游资源，提供更优质的服务，取得整体可持续发展的经济效益。智慧景区应具备信息、数据基础设施和共享服务基础设施三个基础，还应包括源头保护系统、业务管理系统、旅游运营系统、公共服务系统、决策支持系统五个系统。"智慧景区"结合了景区特性，运用人类最新文明成果，构建智慧网络，实现景区智能化发展；将最新管理理念与最新技术成果（尤其是物联网）高度集成，全面应用于景区管理，从而更有效地保护旅游资源，为游客提供更优质的服务，实现景区环境、社会和经济全面、协调、可持续发展。换言之，"智慧景区"是能对环境、社会、经济三大方面进行最透彻的感知、更广泛的互联互通和更科学的可视化管理的创新型景区管理系统。

"智慧景区"内涵丰富，主要包括以下方面。第一，利用物联网对景区自然环境、景区内人员、景区基础设施和各项服务设施进行及时监测与感知。第二，对景区内工作人员和游客均可实现动态可视化管理。第三，利用数字化技术和最新管理理念调整景区管理局或管理委员会的组织结构，优化景区管理服务流程。第四，景区和高等院校、研究机构、酒店、旅行社、航空公司、IT公司等建立战略联盟为智慧景区的管理提供智力支持。第五，智慧景区建设的目的是有效保护遗产资源的真实性和完整性，提高服务质量，实现景区全面、协调、可持续发展。

二、"智慧景区"建设的必要性分析

（一）信息技术发展的需要

现代信息技术的迅猛发展，让旅游景区的管理手段、管理思维都发生了巨大的改变。景区智能化、信息化建设已经成为发展趋势，这也为景区的发展带来了新的机遇与挑战，景区需要及时抓住机遇，提升服务水平。

（二）打破"数字景区"建设瓶颈的需要

我国自从21世纪初就开始建设"数字景区"，发展理念比较先进，但是现实硬件基础设施跟不上导致"数字景区"建设效果较差，浪费了大量的人力、物力、财力。景区智能化建设是旅游服务提质升级的必要方式和重要手段，"智慧景区"建设需要从"数字景区"建设中吸取教训，总结经验，打破系统孤立、技术人员缺乏、资金缺乏的三大发展瓶颈。

（三）景区可持续发展的需要

"智慧景区"可以增强景区获取动态信息的能力，促进景区的可持续发展。旅游景区的可持续发展主要包括生态系统、经济、社会的可持续发展，它们之间环环相扣。景区生态系统内旅游资源可持续发展才能确保经济可持续发展，最终实现景区内社会的可持续发展。但是景区生态保护和经济发展之间存在矛盾制约，需要借助"智慧景区"及时掌握植物资源、动物资源、气候环境、游客行为等信息，以便管理者做出更加行之有效的决策。因此，建立健全规范、高效、有序的信息化架构、优化业务流程，创建有创新能力的管理团队、建立集众家之长的战略联盟对实现旅游景区可持续发展有着特殊的意义。

（四）疫情常态化背景下无接触服务的需要

"新冠"疫情的出现，对我国旅游业造成了巨大的冲击，景区关门、旅行社倒闭、导游纷纷转行另谋生路，直到 2022 年，旅游业还是会时不时地受到疫情的波及，归根结底，旅游业是服务业，是接触式的服务，但是在"新冠"疫情的大背景下，聚集接触的旅游服务会进一步促进疫情的传播，旅游景区歇业的事情时有发生。这一期间对旅游景区来说既是考验又是宝贵的转型升级的机会，景区可以借助高新科技向智慧景区转型，探索无接触式服务，让游客随心所欲地游玩，免去烦琐的人工审核、人工售卖等环节，相信在疫情缓和时，景区将以全新的姿态迎接游客的到来。

三、智慧景区建设主要举措

智慧景区的建设比较复杂，是应用最新技术、结合最新管理理论，对景区硬件和软件设施进行系统化、智慧化提质改造的过程；其建设举措主要包括信息化建设、学习型组织创建、业务流程优化、战略联盟和危机管理。

（一）信息化建设

信息化建设是"智慧景区"建设的基础和内在要求，它是指以系统工程、战略管理、产业经济学为基础，以计算机技术、信息技术、数据库技术和通信网络技术为依托，集成应用地理信息系统（GIS）、遥感系统（RS）、全球定位系统（GPS）、无线射频识别（RFID）、电子商务（EB）、虚拟现实等现代科学技术和方法，整合各类旅游信息资源，搭建信息基础设施、数据基础设施、信息管理平台和决策支持平台，使之成为旅游景区发展的生产力，成为推动旅游景区发展和管理上水平的重要手段。信息化建设能加快信息的收集、传递、加工和处理速度，实现对景区环境、社会、经济三方面最透彻的感知，及时、准确、全面地为旅游景区管理者决策提供科学依据，使游客能够获取更多有价值的信息。它主要包括以下内容。

1. 数据库

内容丰富、更新及时、数据共享的数据库是景区信息化建设的基础。旅游数据从产生到利用，需要经过数据采集、数据分类、数据选择、数据加载的过程。传统的旅游管理、管理效率和服务质量已经不能满足旅游者日益增长的需求，应发挥现代信息技术的引领作用，提高旅游数字化的发展速度。

2. 物联网

物联网建设是景区管理自组织系统形成的关键。当前，物联网正在全球蓬勃发展，人们对这项新技术充满了探索的欲望。由于移动增强现实技术的移动性和灵活性，可以将物联网应用于景区，智能展示景区深层的文化内涵，使游客在游览美景的同时，能更方便地获得景点的深层次文化内涵和历史内涵，使游客能够全面享受旅游过程[①]。旅游景区也可以通过物联网及时掌握景区内自然环境、气候灾害、人员活动等信息，促进景区可视化发展。

3. 旅游地理信息系统

旅游地理信息系统是以数据库为基础，在计算机硬件、软件支持下，运用系统工程和信息科学的理论和方法，综合地、动态地获取、存储、管理、分析和应用旅游地理信息的多媒体信息系统。旅游地理信息系统帮助管理者更好地分析掌握景区内人与自然、自然与自然之间的关系，从而更好地预测其发展方向。

4. 旅游电子商务平台和门禁系统

旅游景区可以通过对数据进行挖掘和整理，掌握游客行为偏好，提高对游客的管理和服务水平。

5. 景区网页和办公自动化系统

在景区网页建设时要注意以下方面：第一，丰富网页功能；第二，根据旅游景区自身客源市场完善英文、韩文等多语种网页版本；第三，做好网站维护，及时更新网页信息；第四，建立景区与游客网上交流平台；第五，旅游景区应使用办公自动化系统（OA），实现无纸化办公、简化办事流程、减少信息流转环节、提高办公效率。

6. 网上营销系统

景区可以利用景区网站做好营销。例如，与权威网站合作、开设旅游专栏、使用Web GIS 技术、细分客源市场，实现精准营销。以上举措可以帮助景区更好地开展网上营销，提升景区影响力。

7. 高峰期游客分流系统

旅游景区可以通过预订分流、门禁分流和观光车分流实行三级分流。高峰期游客分流系统能够均衡游客的分布，降低游客对资源的破坏，有效确保游客的满意度，对

---

① Chen，PL.（2021）. Smart Tourism Scenic Spot Platform Based on 5G Internet of Things Virtual Reality Technology. International Wireless Communications and Mobile Computing Conference，884–887.

缓解景区保护和旅游发展之间的矛盾具有重要意义。

8. 综合决策平台

旅游景区应在监控指挥中心建设综合决策平台，通过景区信息管理平台综合集成处理景区信息，使景区的保护管理、利用发展工作全面进入可视化的智慧阶段。

（二）学习型组织创建

学习型组织有利于"智慧景区"获得持久的生命力。旅游景区可以通过技术培训、思想教育、系统考核等方式培养敢于超越、敢于创新的技术人才、管理人才和复合型人才。

（三）业务流程优化

旅游景区业务流程优化和再造包括观念再造、工作流程优化和再造、无边界组织建设，其中的工作流程优化主要指对游客管理、办公自动化和智能监测等业务流程的优化和再造。

（四）战略联盟

"智慧景区"的建设需要旅游景区同科研院校、研究机构、非政府组织、酒店、旅行社、航空公司、IT 公司等通过签订协议契约而结成资源共享、优势互补、风险共担、要素水平双向或多向流动的战略联盟。战略联盟可以节约成本、整合资源、降低运营风险、增强旅游景区竞争力，还可以解决建设"智慧景区"时资金、技术、人才匮乏的问题。战略联盟建立前，旅游景区应选择合适的战略伙伴，联盟建立后还应进行动态管理，防止联盟成员之间的内部竞争和目标不统一等问题的出现。

（五）危机管理

危机管理对于景区的可持续发展至关重要，是否能够有效应对各种危机是"智慧景区"建设成败的试金石。"智慧景区"的建设不仅要加强景区常态化管理，更应努力提高危机管理水平。旅游景区应在物联网基础上建设智能监测系统、风险评估系统、应急响应系统和危机决策系统，这样才能有效应对火灾、洪水、极端天气、地震、泥石流等自然灾害，以及瘟疫、恐怖袭击等突发事件对"智慧景区"建设的冲击，避免或减少对游客、社区居民、景区工作人员的人身和财产造成的伤害和损失。

信息化建设、学习型组织创建、业务流程优化、战略联盟和危机管理五者之间相互联系、相互影响，一起构成建设"智慧景区"的路径。信息化建设由景区管理团队来进行，团队素质和工作效率高低直接决定信息化建设的成败。景区管理团队对景区进行管理需要运用现代信息技术，毕竟巧妇难为无米之炊。信息化建设为战略联盟的构建搭建了平台，战略联盟整合了信息化建设所需的资金、技术、人才和市场。业务流程优化是运用新的管理理念和现代信息技术对传统流程进行改造，同时也是信息化技术在景区的具体应用。危机的成功管理，既需要一支业务素质过硬的团队，也需要先进的技术支撑，既需要业务流程的畅通无阻，也需要盟友们的大力支持。

四、智慧景区建设阶段

要构建和最终实现智慧旅游，数据（data）是根源、是基础。数据如何采集、如何统计，采取何种科学分析方法，如何对数据进行挖掘，最终实现数据价值应用，这一脉络线条，也是数据价值实现的必然途径，因此旅游统计建设数据体系必然要改革。

统一各项数据指标是根本基础，建设搭建共享大数据产业平台是最终目标，而支持各地方景区信息化建设和发展则是必由途径。

智慧景区的建设来源于旅游行为过程、游客体验及景区管理业务需求，景区要实现智慧化建设，要满足四大刚性需求：基础设施、管理决策、游客服务和宣传营销。而要实现一个景区的智慧化建设，则需要经历以下三个阶段。

（一）建设及优化网络阶段

数字信息化时代，网络是必需品，智能无线 Wi-Fi 是景区信息化的根基。所以首先要对景区的无线网络进行建设，打造景区的 IT 设施，智能无线 Wi-Fi 需要按需实现无缝的全景区覆盖建设，覆盖景区热点位置、室内、餐馆、服务中心、大门出入口、室外人流热点及停留休息区。

（二）业务服务上线阶段

业务服务载体可以是 App，也可以是微信公众号或是小程序等。第一，游客可以通过业务服务载体连接 Wi-Fi，可以通过移动微支付直接购票，获取电子凭证，通过门禁系统直接进出景区。第二，景区可在各重要景色、景点铺设二维码，游客通过服务载体扫描即可获取景点的各项资料。第三，通过技术也可以将整个景区实现景区导览地图电子化，并利用 LBS（移动定位服务）或其他地理位置信息定位技术，实现针对每个游客自身的在其服务载体上显现的地理位置坐标和游览导览线路。第四，通过景区该业务服务载体，游客可以在景区甚至周边的餐厅、超市、酒店购买产品或服务，甚至可以提前在线支付下单，到店直接提货，杜绝了旅途中大量排队对时间的无用消耗。第五，各类互动营销服务，可在服务载体上开展各种类型的活动形式，如微信摇一摇、定时抽奖、免费景点门票、分享传播信息获取优惠券或者消费折扣等。第六，景区消息推送，可通过服务载体，将景区的各项信息第一时间推送到游客的手机中。第七，VR/AR 技术结合，可将重点景色依托 VR/AR 技术在服务载体上实现景色的"真实还原"，吸引游客至景观游览。第八，强化在线支付，通过载体和景区内管理体制，强化引导游客各项消费的在线支付场景化，实现对各项消费场景的消费数据统计，消费数据有所依，那么旅游业经济增长数据才有所信（见图4-1）。

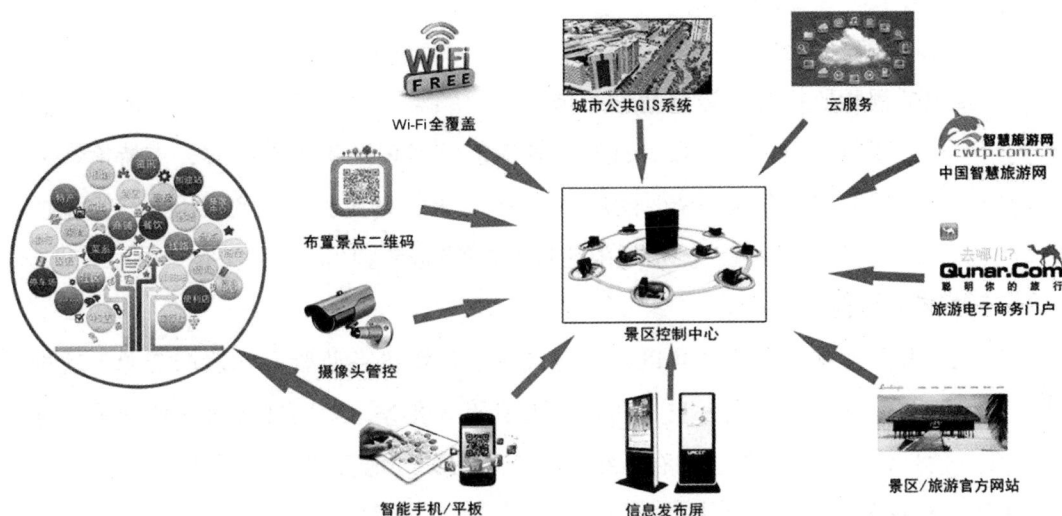

图 4-1　智慧景区总体架构方案

（三）数据分析和数据应用阶段

正是因为有了前两个阶段的基础，才能为该景区科学合理规划游客数量（个体）、景点游客分布、消费情况、行为轨迹数据、停留时长、安全监控等提供数据支撑。数据的价值在于应用和洞察，当解决了数据的信息获取来源与真实性问题后，将市场和营销方法与精准的数据画像建设相结合，获得不同数据画像对应背后个体的各项指标预测，就可以将景区的营销推广变得精准化、个性化、针对化。

只有先让景区实现"智慧化"，逐渐嫁接入更多的旅游业周边产业，当越来越多的指标均以信息化的数据（data）形式存在时，产业的数据价值才真正能够反映行业发展趋势，也只有各景区首先实现了信息化，方能层层递进，实现到地区区域的旅游数据指标真实统计，最终完成国家整体旅游业的数据化展现，游客和从业人士才能从中获得更大的益处。

五、智慧景区建设内容

目前，国家旅游部门对智慧景区的建设提出了指导性的意见，主要包括以下方面。

（一）通信网络

智慧景区应该覆盖无线宽带网络，方便游客在景区内流畅上网。此外，景区内还应配备数量充足的公用电话，部署报警点，并张贴投诉电话、咨询电话、救援电话等联系方式，方便游客进行联系。

（二）景区综合管理

主要包括视频监控和人流监控两个方面。视频监控应覆盖全景区，并能重点监控人流密集区、事故多发区等地段，视频监控应能够实现远程观看内容，支持检索和调取历史视频，录像数据存储保留时间应不低于 15 天。人流监控能实现出入口人流技术管理、实时统计游客总流量、流量超限能自动报警提醒等功能。

（三）景观资源管理

景观资源管理主要包括对景区内资源和生态环境进行监管，如遗产资源、动物资源、文物资源、气象、水质、空气质量、土壤酸碱度等，运用现代科学管理手段进行数字化和信息化记录、监控、保存、维护等，以便更好地管理景观资源。

（四）财务管理

使用专业的财务管理软件，对景区内资产、筹资、投资、税金、利润、成本等费用进行便捷化、信息化的管理。

（五）办公自动化

办公自动化主要包括电子化考勤、动态展示工作人员状态、电子邮件、审批管理、财务结算管理、考勤、发布新闻等功能，办公自动化实现了无纸化办公，极大地提高了工作效率。

（六）资源管理

利用现代化的信息化的科学管理手段，形成一套包含商铺经营、合同管理、物业规范等内容的管理体系。

（七）广播系统

广播系统应由景区指挥中心和指挥调度中心统一调度，并覆盖全景区，平时播放音乐和游览注意事项等，当紧急情况发生时，可立即转换为紧急广播。

（八）应急处置响应系统

智慧景区应建设旅游应急处置响应系统，并备有紧急情况预案，当紧急情况发生时，能够对突发事件有条不紊地进行指挥调度并提供救援服务[①]。

---

① 康玉花，卢伟.武威神州荒漠野生动物园建立智慧旅游景区探讨［J］.绿色科技，2017（17）：203–205.

（九）指挥调度中心

指挥调度中心在智慧景区的运营中起到了至关重要的作用，就像人类的大脑对其余各个部分进行指挥调度、协调、控制，拥有监控终端的控制权。

（十）电子门票、电子门禁

智慧景区门票和门禁均采用电子化的形式，游客可以通过电子门票远程、实时订购门票，门票的余票信息也将实时同步在用户平台。此外，景区应配备立式电子门禁对电子门票进行自动识别、验票。

（十一）预约限流系统、信息实时共享

疫情常态化背景下，智慧景区应该深入推进预约限流项目。游客可以足不出户进行线上预约，并能即时看到剩余门票数量，当预约人数已经达到当日限额时，景区将不再售票。信息实时共享主要是指景区内各个景点人数信息、景区全部人数、停车位信息等对游客和管理者共享，从而避免局部拥挤。这为游客和管理者的决策提供了很大的便利。

（十二）门户网站和电子商务

智慧景区应建设自己的门户网站，为游客的出行提供便利，网站应该包括景区介绍、线路推荐、门票预订、交通信息等内容，并提供多语种服务。

（十三）数字虚拟景区和全息投影

运用三维全景实景混杂现实技术、三维建模仿真技术、360°实景照片或视频等技术建成数字虚拟景区，实现虚拟旅游[①]，增强景区的公共属性。数字虚拟景区应占游客真实游览全部景区面积的较高比例。数字虚拟景区和虚拟旅游平台能在互联网、景区门户网站、景区触摸屏导览机、智能手机等终端设备上应用。

景区运营全息投影技术能呈现更好的视觉效果。三维全息激光投影技术作为一种新的虚拟现实技术，可以应用于商业演出、晚会等具有精美虚拟视觉效果的活动中。三维全息投影技术作为一种新兴的表现手段已逐渐登上舞台。它将舞台与虚拟幻觉巧妙地结合起来，形成一种互动的感官体验。它将动作艺术与视觉美学相结合，为观众呈现出更真实、更震撼的视觉效果，深受观众和表演艺术活动组织者的青睐。在国内的表演艺术活动中，大型海景《蓝色幻想》是第一个实现将3D技术和全息技术的创意引入晚会舞台设计的活动，并引发了这一趋势。大型海景《蓝色幻想》将目前最流行的3D技术和全息投影技术整合到舞台设计的影像设计中，艺术与科技的完美结合更充

---

① 陈曦.襄阳智慧景区建设现状调查及开发路径研究［J］.襄阳职业技术学院学报，2018，17（2）：13-18.

分地展现了"帆船之都"青岛的独特魅力。向观众展示了一场新颖而精彩的视觉盛宴。利用先进的虚拟技术实时生成三维虚拟图像前景；通过舞台设计和大屏幕，它制造了一场丰富多彩的3D"蓝色幻想"视觉盛宴。运用结构投影、全息、3D特效、幕幕投影等手段，让观众体验到更直接的娱乐和沉浸感。

全息投影技术在舞台上的应用，不仅能在空中产生立体感，而且极大地增强了与观众的互动。美丽而神奇的全息投影技术将观众带到了一个虚拟与真实并存的世界。目前，由于真实全息仍处于测试阶段，我们看到的全息投影成像主要是通过3D投影屏幕实现的。然而，它们肯定会给表演艺术活动带来巨大的变化和意义。我们相信，随着科技的不断发展，未来的全息术将不断创新和完善，为社会各界的发展做出贡献。

（十四）游客服务和互动体验

智慧景区能提供更加细致的游客服务和更好的互动体验，主要通过以下途径实现。第一，自助导游。自助导游不仅包括基础的讲解功能，而且能够根据全球定位、物联网等技术随着游客的脚步自主地、有针对性地进行讲解。第二，导航功能。智慧景区应提供经典查询、交通查询、线路选择、实景地图等服务，使游客的出行更便利。第三，即时、有针对性地发布旅游资讯。智慧景区能在自助导游终端发布旅游资讯，应包含景区环境信息、游览注意事项、拥挤度、停车位情况等内容。第四，游客互动及投诉联动服务平台。景区内应设有多台触摸屏多媒体终端机，游客可以在该机器上查询景区信息，也可以进行实时投诉及意见反馈。第五，多媒体展示。景区可以借助虚拟现实、地理信息系统等现代科技手段，在景区内展览景区的自然文化遗产、景区景观，再现古文物等。

总体来看，可以从C端和B端两个角度分析智慧景区的建设。从C端客户来看，"后门票时代"中最容易被客人感知的"智慧"，是一种"专家系统"，它为旅游景区提供决策支持，提供行程规划和解说服务等传统旅游景区服务和管理功能[1][2]。或者作为一种目的地的推荐系统，这是基于感知的移动式旅游服务系统。从B端景区和目的地客户的角度看，"智慧"二字可能更接近于以下的软硬件配备：景区监管信息系统、数字化指挥调度中心、门票网络预售系统、电子门禁系统、LED大屏幕信息发布系统、综合视频监控系统景区信息化[3]。基于以上认识，"智慧景区"的建设是我国旅游景区未

---

① Hruschka，H.，& Mazanec，J.（1990）．Computer-assisted travel counseling. Annal sof Tourism Research，17，208–227.

② Loban，S.R.（1997）．A framework for computer-assisted travel counseling. Ann als of Tourism Research，24（4），813–834.

③ 李莉莎．生态风景区旅游规划的思考［J］．旅游纵览，2020（13）：72–73，76.

来发展之路，是在新形势下我国旅游发展的重大战略。

第二节 百年故宫的现代智慧

历史学家奥韦尔认为，物品对于理解那个时代的精神世界是至关重要的。博物馆、商场和全球各地的市场共同造就了这个由物品组成的世界。于中国而言，故宫博物院的发展在一定程度上就代表着这个时代中国人的某种精神横切面。现在，作为景区和网红的故宫，也见证着科技互联网的发展。

当传统 IP 遇到科技的力量，古物和文化也开始走出围墙。从 2016 年爆红的 H5《穿越故宫来看你》，到故宫淘宝衍生品，再到"玩转故宫"小程序，以及新近的"上元之夜"，不断更迭的互联网场景和科技融入，就像一把把钥匙，打开了历史的大门（见图 4-2）。

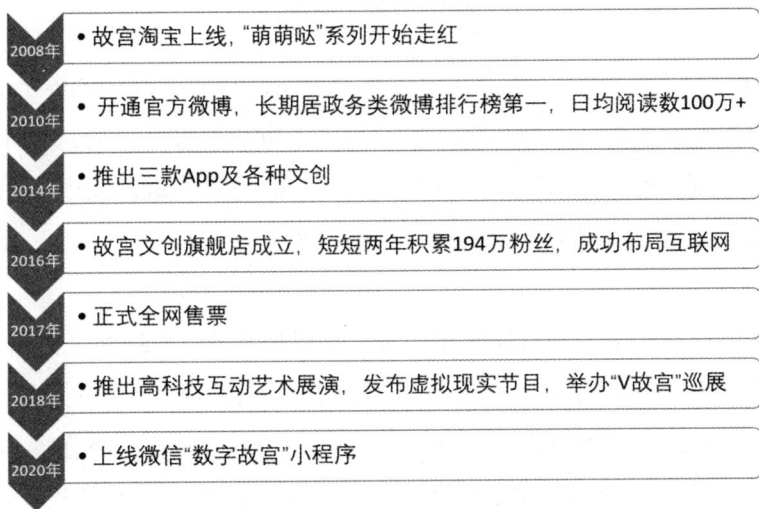

- **2008年** • 故宫淘宝上线，"萌萌哒"系列开始走红
- **2010年** • 开通官方微博，长期居政务类微博排行榜第一，日均阅读数100万+
- **2014年** • 推出三款App及各种文创
- **2016年** • 故宫文创旗舰店成立，短短两年积累194万粉丝，成功布局互联网
- **2017年** • 正式全网售票
- **2018年** • 推出高科技互动艺术展演，发布虚拟现实节目，举办"V故宫"巡展
- **2020年** • 上线微信"数字故宫"小程序

图 4-2 故宫现代化发展进程

近年来，古老的故宫博物院积极寻求与互联网、大数据、人工智能、虚拟现实等高科技的结合，尝试将故宫的数字化成果推向全社会。

从 2000 年开始，故宫博物院就在不断进行着与文化资产数字化相关的研究工作。2003 年，故宫成立了故宫文化资产数字化应用研究所。该研究所的成立使得故宫能够借助更先进的数字技术和多元化的国际合作来强化"保护、研究和展示"为主的博物馆基本功能。其工作内容主要为以下 4 方面。第一，利用数字化技术对故宫博物院古代建筑的形式、结构、装饰等多方面信息进行系统、准确地采集和再现，并以虚拟现实（VR）作品的形式公开展示。第二，推进故宫博物院"数字故宫"建设（见图4-3），建立、充实和完善故宫博物院古建筑及院藏文物的三维模型数据库。第三，开发古建筑及文物数据采集、保存和展示的多种手段。第四，促进国际文化交流。

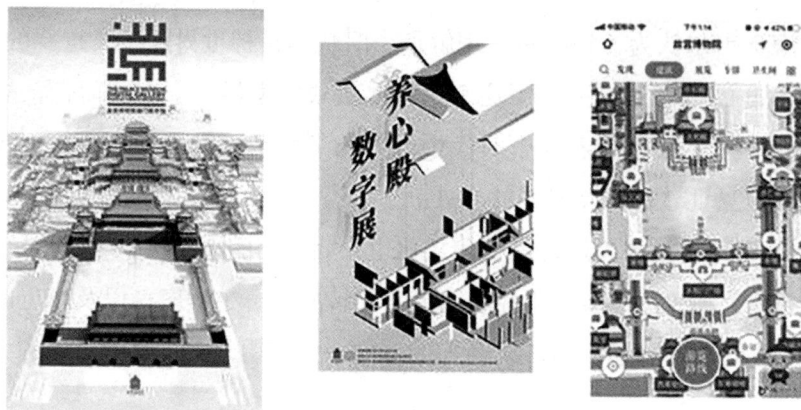

图4-3 数字故宫

近20年来，故宫文化资产数字化应用研究所不断接受新时代的养分，以新科技、新理念不断充盈自己，尤其近两年来，更是加紧了脚步。目前，故宫制作完成的"紫禁城·天子的宫殿"系列7部VR作品将紫禁城内的重要建筑，以虚拟现实的方式直观地呈现出来，让观众以现实中无法到达的场景和全新的角度"走进"紫禁城里的更多宫殿。

2018年5月18日，故宫博物院等单位推出高科技互动艺术展演《清明上河图3.0》，以多种高科技互动手段，打造出真人与虚拟交织、人在画中的奇妙效果。《清明上河图》里众多因年代久远而难以直观感知的历史信息与艺术精华，将在展演中变得"触手可及"。清明上河图是名扬古今、震惊中外的一幅大画卷，它呈现出北宋繁华的生活场景，画中人物众多、场景丰富，难以可视化。但是故宫在原画的基础上融合5G、全息投影等技术，将画中人、建筑、山水等场景淋漓尽致地表现了出来，人们可以通过《清明上河图3.0》更加真切、直观地感受北宋的繁华。

2020年，故宫上线微信"数字故宫"小程序，全面整合故宫在线数字服务。"数字故宫"集文物数字化成果、新文创产品、知识普及及功能性导览于一体，可使用户"一站式"实现在线购票、查询地理位置和阅读游览须知，并能"云"游故宫各大建筑，饱览百万件珍稀藏品，并"一键查询"故宫的全部数字资源。"数字故宫"小程序首先让我们看到了故宫 20 余年数字资源采集应用和新文创产品开发之集大成，以及故宫线上数字服务的范式转变，也看到了加强文化遗产数字化保护、打造更多中国文化符号的代表性成就（见图 4-4）。

图 4-4 全景故宫

故宫博物院借助 VR 技术实现现代化。故宫博物院致力于将 VR 作品推向互联网，观众足不出户就可以登录"V 故宫"网站，近距离欣赏养心殿、倦勤斋等历史建筑。此外，故宫博物院还将 VR 技术应用于考古领域，在真实记录考古遗址现场的同时，向观众直观地展示考古作业的知识。通过这一系列的研发和应用，包括线上的互动程序、线下的数字展览，以及学术研究成果，故宫博物院逐渐创立起了"V 故宫"项目。此外，故宫在北京国贸地铁站展出长达 135 米的"故宫雪景长卷"也广受大众欢迎，它设有互动装置，在静态画面的基础上，互动屏借由滑轨呈现故宫雪景与头条频道的动态内容——通过人脸识别进行安检的宫门侍卫、忙着网购的后宫妃嫔们、参加摄影大赛的萨满法师们……让人分分钟有种穿越的错觉。

故宫数字化转型这些年里，很明显一直倾向于对青年心理的研究，洞察青年的爱好，选择他们所喜欢的方式，推出含有故宫自身文化属性的产品。采用动漫或二次元的方式来解读传统文化。当然，除了漫画，还与腾讯合作开发了一系列的游戏、表情包和音乐作品。

除了对青年群体的研究，在数字化的体验服务方面，也已超出了博物馆的"馆"和"物"在物理和地理上的限制。把博物馆的所有管理和业务内容全部转化到信息平台上，特别是在文物鉴定、文物研究和文物修复等，使博物馆在新的社会发展阶段从"实物导向"转变为"信息导向"，把现场的服务拓展到超越时间、空间的虚拟服务。故宫文创产品走进千家万户（见图 4-5）。

图 4-5　故宫数字化典藏

此外，故宫文化＋日常生活用品、萌系形象的故宫文创产品等也让顾客们爱不释手，"朕知道了"胶带、宫廷珠耳机、瑞兽戏宫烛、十二花神书灯、《千里江山图》屏风摆件……故宫文创产品的出现不仅丰富了大众的生活、拉近了人们与文物的距离，更重要的是让文物重焕生机，"活"了过来，这对文物的保护与活化利用具有重要意义。单霁翔在 2012 年成为故宫博物院的院长，他长期以来倡导打开故宫宫门，并允许文物和中国传统文化结合，走出皇宫，以文化创意产品的形式展现。通过这种方式，他成功地让故宫博物院的文化遗产活了过来。故宫博物院生产的文化创意产品成为博物馆文化的有机载体，为弘扬我国传统文化做出了巨大贡献。

无论是 VR 技术、文创产品还是人工智能，百年故宫的现代化之路始终围绕着人们的生活，VR 技术让人们更加直观地体验古人的诗情画意，文创产品让人们在生活场景中学习到故宫文化，人工智能提高了故宫的服务管理能力。

下一步故宫会将更多的技术应用到博物院自身的业务上来，如文物鉴定、文物研究、文物修复，通过运用包括人工智能在内的多种新技术，打造全面的历史文物博物馆信息平台。

第三节 科技赋能的乌镇蜕变

清晨薄雾笼罩，摇橹船划开水面，用质朴的黑白两色，在历史画卷上描绘出一幅独特的风景。乌镇，这个有着 1300 多年厚重历史、曾一度破旧落寞的水乡，不仅寻回了昔日荣光，更因互联网而改变。如水乡纵横的河道一般，网络在乌镇织就了新时代的传奇①。

2021 年 9 月，"世界互联网大会乌镇峰会"在乌镇正式开幕。本届乌镇峰会以"迈向数字文明新时代——携手构建网络空间命运共同体"为主题。从乌镇成为世界互联网大会永久会址那一刻开始，它不再只有千年水乡的古典面孔，互联网赋予了乌镇新的思想。网络化、智能化、智慧化……逐渐成为乌镇的形容词，不断刷新着世界对乌镇的认知②。

乌镇的蜕变分为三大步骤。一是将乌镇建设成为历史文化名胜区。1998 年，乌镇

---

① 应建勇，李回雄，阮蓓茜 . 乌镇之变［N/OL］. 浙江日报，2017-08-16［2021-02-13］.https://mp.weixin. qq.com/s/Hhffq6sPGtomqdrPGU5txg.

② 陈亚萍，江月 . 借力"互联网＋"，乌镇打造智慧旅游样板［N/OL］. 浙江日报，2018-11-22［2021-02-13］. https://baijiahao.baidu.com/s?id=1617812424651041020&wfr=spider&for=pc.

市委托上海同济大学，提交了"乌镇古城保护工程"的建议书。按照这一规划，乌镇于 1999 年开发东区，2003 年开发西区，将其改造为具有竞争力的传统文化旅游景区。二是自 2013 年起，乌镇每年都举办国际戏剧节，成功将乌镇形象从单纯的旅游胜地打造成文化名城。乌镇国际戏剧节历史虽短，却塑造了中国"文化乌镇"的城市形象，正在成长为亚洲最佳城市剧场，受到世界剧团关注。三是乌镇追求未来智慧城市、立足文化名城，从 2014 年起举办世界互联网会议，从 2015 年起，举办数字产业博览会，以建立传统城市的未来核心产业[①]，布局未来城市的发展。

一、夯实一大基础：完善互联网硬件设施

发展智慧旅游，乌镇未雨绸缪。据了解，早在 2003 年乌镇西栅景区规划建设初期，乌镇就做了一个重要决定——在地下预埋网络光缆，这为之后世界互联网大会·乌镇峰会期间的网络需求打下了坚实的基础。

2006 年，西栅景区正式对外开放，乌镇便敞开怀抱，向游客提供免费的 Wi-Fi 服务。景区内还有风格各异的度假酒店、多功能会议中心、水上公交、电子巡更、智能化旅游停车场、星级厕所等一应俱全的智慧化设施。

5G 应用给乌镇带来新变化。乌镇的 934 家酒店、特色民宿等都接入了 5G 智慧消防平台，消防部门同步共享酒店和民宿的实时数据，一旦出现冒烟、着火等紧急情况，智慧消防平台会报警提示并同步传输实时监控画面。

与此同时，乌镇积极探索打造"智慧环保型公厕"等硬件设施配套。乌镇智慧型公共厕所位于茅盾广场，该厕所外形看似古朴，却有着智能感应洗手、智能感应风干，智能安保系统等智慧元素，还能自动监测显示厕所内部的温度、湿度、空气及人流量。无独有偶，乌镇虹桥路也引入了智慧厕所，厕间上头有电子显示器，哪间有人，哪间无人一目了然。如厕时，厕所内会播放音乐，便器内充满犹如肥皂泡的东西，基本没有令人不愉快的气味。这间厕所不接入排污管，可以直接把人体排泄物利用微生物转化为有机肥料半成品。而排泄物制成的有机肥则可用于城市绿化。这一间间充满了高科技的"小房子"，正在助力遍及城乡的"厕所革命"。

二、建设两大平台：实现智慧化综合监管

两大平台指的是"旅游大数据中心"和"乌镇管家"联动中心。作为首个国家级

---

① 안창현 .（2018）. A Case Study on the Cultural Urban Regeneration in Traditional Chinese Villages – Focusing on WUZHEN. Global Cultural Contents 36，109–125.

旅游综合改革试点县和首批国家全域旅游示范区创建单位，如今的桐乡，正积极推进旅游大数据中心建设，目的是给全域旅游的进一步发展提供数据支撑。

旅游大数据中心采取分期建设、滚动发展模式，着力打造旅游数据统计、客源属性分析、游客行为分析、客流监测预警4个系统及旅游数据云平台、数据可视化平台，纵向上与国家级、省级、嘉兴市旅游部门以及涉旅企业贯穿联动；横向上与行政综合执法、交通、公安、统计、气象等相关部门、关联行业进行数据交换和共享，以对接通信运营商、社交媒体、支付平台和搜索引擎等方面数据为目标，有效整合各方面涉旅数据，并通过数据可视化平台，集中展示数据建模、挖掘、分析的结果，实现涉旅数据的实时监测查看。

"乌镇管家"联动中心是近年来赫赫有名的"乌镇管家"背后的智慧大脑。走进"乌镇管家"联动中心，巨大的屏幕占据了一整面墙，它分成多个窗口，分别显示着乌镇各个角落的实时状态，一排排工作人员正在密切注视着眼前的小屏幕。

"乌镇管家"联动中心将景观灯、消防栓、垃圾桶、窨井盖等信息全部放在一张网上，随时掌握它们的运行状态。例如，路灯可根据所处的经纬度、天气、人流量及车流量等因素，自动进行开关和亮度调节；太阳能智能压缩垃圾箱可实现太阳能供电、自我消毒和检测、自动压缩提高承载能力；消防栓遇到故障可自动报警；窨井盖能自动检测自身倾斜度。此外，联动中心还可以实时显示空气质量、水质情况、游客分布热力图等。乌镇的民宿安装了智能烟感系统，一旦遇上火灾警情，联动中心的平台上会出现报警提醒，第一时间报告哪条路上的哪家民宿发生了火情。

从昔日名不见经传的破落小镇，到今天拥有旅游小镇、戏剧小镇、世界互联网小镇等"国家名片"；从20年前的零游客，到如今年游客量过千万人次、经营收入多年稳坐国内古镇型景区"头把交椅"——浙江乌镇的发展奇迹，无疑是中国改革开放的一个重要见证。

三、三次转型再现古镇智慧

江南水乡乌镇，地处苏浙交界的桐乡，境内河流四通八达，依水建街、傍水设市，家家临河阁楼、户户汲水晓窗，堪称"最后的枕水人家"。

历史上，乌镇因水路发达而繁盛，但改革开放后，随着当年乡镇企业的发展，特别是交通方式的改变，乌镇成了"一潭死水"。直到1989年，乌镇才有了第一条真正意义上的公路，而当时，周边其他乡镇早已陆路发达。很多年轻人不得不去周边镇上打工，白天乌镇上只有老年人留守。说起当时的情形，曾任乌镇镇长的张建林记忆犹新：冷冷清清乌镇镇，一片破房子，一片旧房子，一到晚上黑漆漆。

从繁荣到没落的落差，无数次触动着这座水乡古镇。为了让这座小镇重现辉煌，乌镇开始谋求转型之路①。

摆在乌镇面前的有两条路：一条是发展工业，经济见效快，但是有污染，选址难；另一条是发展三产服务业，把乌镇这个古镇水乡的旅游价值挖掘出来。乌镇选择了后一条路。

1999 年起，桐乡市委、市政府举全市之力，开始实施乌镇保护与旅游开发。当年 5 月，市政府牵头，市财政局等 13 个部门共同出资，组建乌镇旅游开发有限公司，具体运作旅游产业的开发与建设。

与其他一些古镇开发运行有所不同的是，桐乡市委、市政府尊重乌镇悠久的历史文化，从一开始就以"保护第一、修旧如旧、以存其真"的理念，尊重古镇的历史遗存，从总体风貌入手，突出建好环境尤其是水环境，拆除所有不协调的建筑，同时恢复"乌镇香市"等民俗文化，并注重传统文化的创新，营造原汁原味的水乡风情。

2001 年，乌镇东栅景区建成，很快成为古镇旅游胜地；2007 年，西栅景区开业，无论收入还是净利润年均增长都在 30% 左右。这种古镇保护开发的模式被联合国教科文组织专家称为"乌镇模式"。乌镇也正是在这样的保护与发展的理念中，开始谋求转型之路。

第一次转型，乌镇成为一个旅游符号。乌镇有句口号："一样的古镇，不一样的乌镇。"怎样避免古镇的同质化？唯有依靠文化，文化特征才是一个古镇的最大个性。乌镇人受戏剧《暗恋桃花源》的启发，创办了乌镇戏剧节，带动乌镇游客量过千万人次，经营收入直逼 20 亿元大关，连续 10 年保持高位增长。

第二次转型，乌镇多了戏剧和文化符号。乌镇的愿景，不仅如此。当北上广深等一线城市的网上支付刚刚兴起，乌镇的商超系统中就已经普及了网上支付；二维码门票、全区域免费 Wi-Fi 覆盖，互联网技术不断升级服务质量。凭借发达的互联网经济和保存完好的传统文化，2014 年，乌镇被确定为世界互联网大会永久举办地②。

第三次转型，乌镇成了互联网和数字经济符号。经历过运河商贸的繁华、养育过无数江南文人，这座历经数代风雨的水乡小镇，正生动诉说着当代中国故事。它被遗

---

① 黄平，王爱静.浙江乌镇：千年古镇"云"上来［N/OL］.中国经济网，2018–11–28［2021–02–13］.https://baijiahao.baidu.com/s?id=1618338196624368185&wfr=spider&for=pc.

② 黄平，王爱静.浙江乌镇：旅游、戏剧、互联网 三次转型再现古镇芳华［N/OL］.央广网，2018–11–28［2021–02–13］.https://baijiahao.baidu.com/s?id=1618360615871524705&wfr=spider&for=pc.

忘过，如今又被历史选中，重现芳华。

四、打造三大体系

（一）创新数字化智能应用

水系纵横的千年古镇，百步一桥的枕水人家，乌镇河道如网、桥通四方[①]。2014年，乌镇成为世界互联网大会永久会址。彼时，这座江南小镇的发展远景有着诸多想象空间。如今，乌镇既是传统韵味十足的水乡，又是浙江 Wi-Fi 信号最密集的区域之一。互联网带来的红利渗透到旅游行业，通过打造"大交通、大安防、大营销"三大体系，革新了游客在乌镇的出游方式。

在游客自驾出行上，乌镇建设智慧交通诱导系统，合理规划进出镇区、景区道路运行线路，在主要道路设置停车场引导及停车位数量实时显示电子屏，落实镇区道路标牌、标识建设；在低碳便捷出行上，通过手机扫描二维码，可实现公共自行车租赁；在公共交通出行上，游客可以通过手机应用实时查看所有公交车位置、线路，科学安排候车时间……

近年来，乌镇景区一直致力于打造智慧旅游，更好地提升游客体验。景区 24 小时安排安保人员值班，实现视频监控全区域全天候覆盖。安保人员随身携带无线设备以及移动摄像设备，可记录巡逻线路、公里数以及与游客的互动，一旦发生事故，可据此明确双方责任，减少纠纷。在高铁桐乡站、客运中心、乌镇景区等游客量大的重点部位还安装了 560 多个"天眼"系统，通过人脸识别系统实现监控、瞬间定位，保证游客安全，构建"大安防"体系。

除此之外，乌镇景区还与高德地图、阿里巴巴、携程等主流企业平台开展全方位深度合作，构建立体营销体系。通过"桐乡旅游""乌镇发布""乌镇景区"等微信公众平台，发布乌镇食、住、行、游、购、娱等营销宣传信息，提供在线预订功能。值得一提的是，第六届乌镇戏剧节开幕当天，乌镇旅业与阿里巴巴集团就未来景区建设达成了全面战略合作。根据合作内容，阿里巴巴集团旗下大麦网、蚂蚁金服、飞猪、阿里云等，将从各自的行业领域和业务特色出发，多域立体地打造"智慧乌镇"。

（二）数字经济赋能区域发展

乌镇成了"世界的乌镇"，成了展现世界互联网发展成果的窗口。互联网正催动这座小镇在区域发展中找到弯道超车的新路径。

---

① 潘晓琴，廖超.乌镇：腾"云"而上畅"游"未来［N/OL］.嘉兴日报，2019-01-15［2021-02-13］.http://www.hrtv.cn/zhejiang/paishow/469241.html.

依托传统产业基础，承接新兴产业布局。沿着乌镇大道南行，这条路不仅串起了旅游景点，还被赋予科创集聚区的新使命。以乌镇大道为轴，围绕互联网产业、时尚产业、高端装备制造、新材料等优势产业，引进各类高端业态。乌镇未来还将打造中国新经济的"赋能中心"。

互联网在乌镇，风华正茂。乌镇互联网创新发展综合试验区、大数据高新技术产业区、互联网特色小镇等创新资源不断涌来；2014~2020年，桐乡借助互联网的东风大力发展，数字经济企业高达2443家，近几年，通过深度应用5G技术，产能在3年间翻了3倍，此外，桐乡每年投入近百亿元，实施超千项的数字化改造项目，推动产业升级。

（三）"互联网+"开启智慧生活

没有前台、没有接待人员，客人到店后拿出身份证、刷脸识别，即可完成登记入住和身份信息比对，全程只需3秒。在距离西栅景区不到200米的乌镇谭家·栖巷自然人文村落，5间"宾智AI客房"亮相第五届世界互联网大会。此项系统不仅降低了民宿人员和设备维护的成本，还联动公安部门、安监消防等信息系统，大大提升了酒店安全性。在第六届世界互联网大会期间，安保系统使用AR智能识别防控平台，采用了5G网络连接视频监控、无人船监控、巡逻机器人监控，经过民航A级认证的毫米波人体成像安检系统也在会议中心安检口试点应用，提升了过检的效率和准确性。如今的乌镇，古朴外表下蕴含着现代生活形态。正如乌镇人所言，"只有走进乌镇，才能深刻体验这一古镇的聪明与智慧"。

在乌镇植材小学，通过互联网，学生就能直接与远隔重洋的英国外教交流互动。从去年开始，他们每周都能上一次这样的外教英语课。为了普惠优质教育资源，桐乡市建设了互联网学校，将全市120多位名师集中到网络上来授课，自系统上线以来，互联网课堂访问量已超过75万人次。

在乌镇，老百姓的衣食住行皆渗入互联网因子。特色小店里，用支付宝一扫码，一盒姑嫂糕就能拿到手里。不用交押金，凭芝麻信用就能借用雨伞、充电宝……桨声船影中，这样的智慧乌镇，让远道而来的游客惊叹不已。

Part 5

第五章　酒店场景应用：让住宿更舒心

目前，旅游业已开发出集酒店管理系统、第三方在线预订系统、支付、刷卡、人卡结合智能认证、实时上传入住信息、发票管理于一体的智能终端"酒店智慧前台"。

智慧酒店无人值守的解决方案是基于智能技术手段，针对消费者入住酒店的全过程，采用公司自主研发的 3D 人脸识别算法，以成熟的终端设备为体现，结合对行业痛点的仔细研究，自助运营模式，为消费者带来智能便捷的消费体验，让消费者实现智能带来的便利，并实时同步肖像认证数据，保护消费者和酒店运营商的安全和隐私。通过该系统，客人在网上预订酒店后，只要在自助机上刷身份证并完成人脸识别，就可以实现申请入住、选房、取房卡、退房卡、开具发票等功能。

对于酒店来说，人工智能可以代替酒店工作人员完成烦琐单调的验证、查房和选房任务，最终实现无人值守，提高运营效率，节约人工成本。对于用户来说，他们只需要刷身份证，就可以读取身份证信息并唤起人脸识别功能。人证比对和验证将同步到酒店管理系统，以获取房间号和房间解锁密码，在成功验证后，客人就办完了全部的入住登记手续，不需要排队等候，整个过程在 30 秒以内，更方便、安全、私密。在安全方面，由于在整个过程中，是由客人自己操作，因此，与以往的人工办理相比，客人的信息安全得到了进一步保障。

智慧酒店将继续践行"酒店智慧化"的理念。未来将有多个大型平台服务于该行业，但目前的情况仍然相对落后，不容乐观。只有不断竞争才能推动行业在信息化、数字化的进程中得到快速发展。但有业内人士指出，更优越的资源和更强的整合利用资源的能力将是取得成功的关键。在这方面，传统 OTA 具有较大优势。这一新模式将继续挑战酒店与 OTA 之间错综复杂的关系。OTA 虽然可以为酒店带来源源不断的客户，但也有佣金高、效能低、信息闭塞等弊端，此外，服务体验也受到了极大质疑。

智慧酒店，前途光明，道阻且长。

第一节　全过程打通的酒店生态

一、智慧酒店的内涵

随着经济的快速发展，酒店行业的发展越来越繁荣，竞争也越来越激烈。因此，智能酒店为酒店业的创新和发展提供了机遇。

人工智能技术在酒店业的应用，催生了一个名为"智能酒店"[①]的新概念。智能酒店中"智能"一词起源于英语，意思是聪明的、巧妙的。如果智能属性被应用到一个特定的设备上，这意味着它更容易使用，它通常具有较高的安全性和成本效益[②]。智慧酒店建设隶属于智慧旅游，根据 2012 年 5 月 10 日北京市旅游发展委员会发布的《北京智慧酒店建设规范（试行）》条例，智慧酒店的表述是：运用物联网、云计算、移动互联网、信息智能终端等新一代信息技术，通过酒店内各类旅游信息的自动感知、及时传送和数据挖掘分析，实现酒店"食、住、行、游、购、娱"旅游六大要素的电子化、信息化和智能化，最终为宾客提供舒适便捷的体验和服务。我们把智慧酒店理解为：酒店拥有一套完善的智能化体系，通过经营、管理、服务的数字化、智能化与网络化，实现酒店个性化、人性化服务和高效管理[③]。

智慧酒店是一个提供酒店服务的综合系统。它以新的信息和通信技术为基础，利用"无人"设备、机器人等，共同提供非接触式服务，创造满足客人个人期望的住宿环境。它基于满足住客的个性化需求，提高酒店管理和服务的品质、效能和满意度，将互联网、物联网、无线通信技术等信息化技术与酒店经营、管理相融合的高端设计，是实现酒店资源和社会资源有效利用的管理变革。其突出了提供服务的人的行为，以及服务向智能服务的转变，使服务过程更具智慧化。

二、国内智慧酒店的发展历程

国内智慧酒店的发展可以追溯到 2001 年，上海瑞吉红塔酒店走在前列。为了减少

---

①　J. Wen & S. Huang.（2020）. Chinese tourists' motivations of visiting a highly volatile destination：a means-end approach. Tourism Recreation Research，45（1），80–93.

②　Luo Xuan,& Yonghwan Pan.（2021）. A Study on the Customer Experience Design through analyzingSmart Hotels in China. Journal of the Korea Convergence Society，12（3），115–124.

③　钟艳，高建飞 . 国内智慧酒店建设问题及对策探讨［J］. 商业经济研究，2017（18）：174–178.

重复的人工操作，提高酒店整体工作效率，加强运营管理，为客人提供安全、舒适的入住体验，上海瑞吉红塔酒店按照《智能建筑设计标准 2000》建设智慧酒店，酒店使用了"5A"自动化控制系统（BA 楼宇智能化、OA 办公自动化、CA 通信自动化、FA 消防自动化、SA 安保自动化），此外，还应用了卫星接收系统、车库管理系统、无线网络系统、无线点菜系统等，使酒店进一步智慧化。上海瑞吉红塔酒店在整个智慧化过程中尽可能使用自动化、信息化的设备。这是一个典型的智慧化过程，在一定程度上优化了客人的入住体验。

这一时期的智慧酒店主要是围绕着数字化、智能化进行改造，信息化程度的提高带来了信息和服务的便利性和更多的互动性。在一定程度上节省了劳动力成本，提高了员工的工作效率和整体管理水平，改善了客人的入住体验。

2010 年，杭州黄龙饭店用 10 亿元打造了一个较为形象的、技术集中体现的智慧化酒店，它以全方位的酒店管理系统与 RFID（射频无线识别技术）等智能体系，让客人获得与众不同的、便利舒适的体验，带来最大化的舒适和便捷，为国内智慧酒店建设做出了示范[①]。

2012 年 5 月，《北京智慧饭店建设规范》发布；2013 年 11 月，国家旅游局明确 2014 年为智慧旅游年；2014 年 1 月 15 日，中国智慧酒店联盟成立，国内全面展开酒店智慧化建设。2018 年，腾讯与香格里拉集团宣布战略合作，双方将从智慧营销、智慧运营及智慧服务三个方面，依托微信生态，让酒店更智慧。《物联网——智慧酒店应用接口通用技术要求》于 2019 年发布，它提出智慧酒店需要具备的要素及系列标准。这一阶段智慧酒店建设的目的主要是提高收益、降低成本、提升客户体验。这一时期的特征是以客房智能控制为核心，广泛运用现代信息技术开展营销，增强顾客体验，这是智能化向智慧化逐步转化的过程[②]。

在新的发展时期，新技术逐渐涌现，物联网、互联网、云技术、大数据等得到了广泛的应用。具体技术的应用方面，增加了无线网络、微信、指纹、5G 网络、移动终端、全球移动通信系统、机器人等现代信息技术。在应用系统方面，逐渐增加了微信预订、指纹门禁、考勤功能，以及物资在线采购平台、营销管理系统、固定资产管理系统和运营管理查询系统等。

目前，智慧酒店的建设已经呈现出比较良好的应用场景：客人提前通过 OTA 平台或者酒店微信公众号、酒店官网等进行网上预订，客户可以实时自选房间，并使用银

---

①　侯宝锁．智慧酒店发展现象浅析——以黄龙饭店为例［J］．中外企业家，2019（3）：154–155.

②　钟艳，高建飞．国内智慧酒店建设问题及对策探讨［J］．商业经济研究，2017（18）：174–178.

联、微信、支付宝等第三方平台支付房价。在入住时，客人有三种方式可以办理入住：一是传统的人工办理，这种方法主要针对不会使用智能机的老年客户以及未进行网上预订的客户；二是客户可以在自助值机机上完成身份识别并接收房卡（微信、指纹和人脸识别）；三是大堂服务员可以使用 iPad 或台式自助服务机帮助客人完成登记手续。办理入住之后，酒店管理系统（PMS）可以授权手机（微信）开门或使用指纹自动开门。客人入住客房后，可以根据自己的需求使用机器人、手机、iPad、专用遥控器等控制房间内的所有设备（照明、空调、窗帘、IPTV 电视系统和声音）。此外，酒店内的智能设备还具备实时与朋友互动、视频游戏、电影点播、订餐、订票、洗衣等功能；当你有咨询需求时，门外的机器人会即时响应并提供服务。

三、智慧酒店建设中存在的普遍问题

（一）简单复制，盲目跟从

新技术不断涌现，这对酒店的技术人员也提出了更高的要求，但目前精通技术的技术人员大量缺乏，酒店往往采取更低的成本来满足这一需求。酒店会从内部选派一些人员参观学习其他智慧酒店，这一举措无可厚非，但没有技术基础的员工会不加改造地全盘复制。酒店也引入了一些智能设备，但这些智能设备不成体系，难以为客户提供更好的入住体验，智能设备的后期维护也是一大问题，最终，智能设备往往会被搁置，酒店智能化也浮于表面。

（二）投入不足，效果不佳

近年来，受"新冠"疫情的影响，经济持续低迷，随着旅游人数的锐减，入住酒店的顾客数量也不容乐观，酒店经营面临着前所未有的困难，这导致酒店资金支持不足，在产品更新、新技术应用和服务手段改进方面投入严重缺乏。大多数酒店的智慧化改造只是换汤不换药，隔靴搔痒，并未触及根本，如有的只是进行了无线全覆盖；有的只是简单地添加一些服务器。由于投资不足、信息系统不系统、质量问题持续存在、信息化建设水平不断提高，并未给酒店带来收入增长或客户体验显著提升。

（三）重建设，轻应用

在智能酒店的建设中，"重技术，轻应用"的问题比较明显。酒店通过互联网来促进酒店的转型升级，但没有深入了解系统的使用条件、没有调整业务流程，也不清楚智能技术应该如何最大限度地发挥其效力。例如，大规模的无线网络改造只改善了客户和管理部门接入互联网的条件，但没有从无线营销、无线控制和无线管理等方面做文章。实际应用效果不理想，投入产出存在问题，先进技术与人的主观能动性没能有

效结合。

（四）单一追求智慧营销

酒店使用互联网、移动设备、微信和大数据等新技术进行品牌推广、产品营销、信息推送和互动交流，没有什么错。这是酒店在今天生存和发展的有效途径。然而，在智慧酒店的建设方面，这种单一的强化让客人感觉酒店在为自己开源节流，智能服务并没有真正让客人拥有良好的体验，也未能提高酒店声誉、增加客户黏性，最终入住率也就不可能会上涨，效果也不明显。

（五）客户体验方面有待改进

一是服务和管理过度，没有保护好客户的个人隐私。酒店将红外感应技术、定位系统和无线网络系统逐渐应用到酒店管理和客户服务上，但是由于没有做好市场以及客群定位和细分，使用效果不尽人意，有些客人甚至为此再不入住该酒店。

比如，在过道和客房安装红外感应探头，或通过无线控制器定位、获取客人行动信息，这样做的确可能是为了了解客人现状，以便跟进相应服务或控制电源、降低能耗，但有时为了抓取客人各种数据，搞大数据分析，也影响了客人的隐私和行动的自由，这对大部分客人来说是不乐意的，服务不能过度，客人隐私应该被尊重。执行和保护个人信息的能力已成为提高客户智能体验的关键因素。由于每个人对隐私都是高度重视的，在技术的应用中，保护客户私人信息是一个必要的前提。以客户体验为基础，运用情感设计，加强安全体系的建立和完善，使智能服务更加可靠，与客户建立良好的信任关系。智能设备在提供服务的同时，仍然需要补充人工服务。目前设备已经能够解决预订、入住和退房等基本任务，但是智能设备仍存在使用困难、个别接触点不灵敏等问题，必要的人工服务也需要具备。

二是系统应用上不够便捷、不够随性。智慧酒店建设面对的主要客人目前是"80后""90后"，不久会是"00后"，他们更追求个性、便捷、随性，这些不仅表现在对特色酒店、主题酒店或者更张扬的房车、帐篷等住宿体验的关注上，也表现在酒店服务方面。可不少酒店仅从管理角度出发或者只考虑星级标准或规范，很大程度忽略了新消费群体的新的需求特性，在智慧酒店建设上，出现系统越来越复杂、流程越来越烦琐的现象。

例如，微信开门或手机蓝牙、App、红外开门，步骤要三四步、时间要好几秒，还不如门卡一步一秒；电动窗帘要么全开要么全关、速度又慢；IPAD客控菜单有三四级，开个灯或电视要30秒钟以上，不熟练的客人还不一定能找到。在针对年轻客人随性方面，大家考虑得更不多，如房间就餐，现在只有酒店内部订餐，能否在内部订餐系统中加外卖，打通平台接口？有著名歌手演唱会和大型球赛时能否将手机画面与电视同步或同酒店客人共享互动？没有洗衣房的酒店能否通过平台与附近社区、酒店或洗衣店关联而提供服务？

四、智慧酒店的建设方法

（一）利用现有设施、设备和系统等资源进行升级改造

目前，大部分智慧酒店建设是基于传统酒店的改造，考虑到前期投入和因地制宜因素，我们可以立足现有设施、设备和信息系统，在客户历史需求和入住数据分析以及系统整合可行性分析的基础上，进行有限的投入和新技术的应用。

一方面，更多的酒店设施和客房设备实现数字化和信息化，如升级客房电视的数字系统，将传统电视转变为集多语种智能服务、客房服务、信息发布等于一体的人机交互平台，考虑到与手机的联动改造成本非常低，但回报颇丰，这一种升级方法广受经营者欢迎。另一方面，扩展 Wi-Fi、微信、官网的功能，增加互动模块。例如，当客人连接到酒店的无线网络时，酒店会自动推出新的产品和服务，并自动领取酒店电子优惠券或其他相关产品，从而增加客户黏性，提高满意度。此外，酒店还可以使用相应的经济高效的 OA 系统实现无纸化办公，完善 BA 等自动化系统，实现水、电、暖等系统的智能调节和监控，使用成熟的高科技节能设备降低能耗。

（二）丰富客人住店场景

现代年轻人的生活节奏很快，对服务也有较高的要求，他们入住酒店主要是追求满足个人多样化的需求和不同的体验。因此，酒店不能停留在流程化服务上，而应该丰富客人的住宿场景。一方面，酒店可以利用微信和 App 的移动属性，将洗衣、点菜等服务转移到移动终端，优化传统的客房服务流程，提高服务效率。另一方面，酒店可以适当引入智能设备，实现自助办理入住、微信预约开门等，来提升客人的体验感。

（三）引进先进的智慧化技术做好差异化经营

智慧酒店专注于智慧设备的广泛应用。在技术方面，技术供应商应明智地尝试利用新技术不断满足酒店的不同需求。在运营管理中，所有酒店员工都要理智地分析酒店定位和酒店服务对象，考虑何时、投入多少、选择何种技术实现酒店的新服务和管理。如今，住宿行业门类繁多，酒店业态丰富，酒店业的竞争仍在加剧。利用互联网、移动互联网、物联网等多种信息手段进行差异化管理是一个不错的选择。例如，适合年轻人的主题酒店和家庭住宿酒店可以应用智能服务的整个过程，从入住、消费、活动到退房，基本上不需要人工服务。对于高端酒店，我们可以充分利用设施齐全、功

能强大、档次高的特点，利用先进技术增加相应的高端服务，如使用人脸识别系统了解重要客人，提供专属服务、快速入住和消费等，VR 虚拟现实和 AR 增强现实技术也可以用于满足客房、酒店放映室或游戏室的高端需求。

（四）通过大数据精准营销

虽然目前酒店获取的外部信息的数量、质量和及时性远远不能满足酒店在运营管理中应用大数据分析的需要，但 PMS 前台系统、CRS 中央预订系统、CRM 客户关系管理系统，以及客户控制、阶梯控制等控制系统，基本上可以有效地收集、汇总、处理和分析。然后，通过与相关航空公司、景点、外部餐饮、购物中心或邮轮公司的合作，获得大量有用的数据，如客人的位置、行业、性别、出发地点、旅行目的地、酒店类型、房间类型、膳食、口味、购买的商品等信息。

酒店可以基于这些数据进行智慧酒店改造，做酒店营销活动设计，搞酒店和相关业态的合作和信息共享，对客人或会员进行终身或全程智慧管家服务，把精准营销做到极致。从用户的角度来看，数字化、智能化体验目前仅在酒店预订领域开展。显然，大数据的应用绝不能局限于数字化管理和营销。大数据应该发挥更大的价值和作用，为客户提供智能化、定制化的服务，提升用户体验。利用基于大数据的酒店客户细分方法，我们可以洞察每个细分市场的兴趣和消费趋势，并管理每一类客户的酒店客户生命周期。酒店可以为特定的顾客提供分类的产品和服务。在新的消费时代，年轻群体对服务的个性化和多元化需求，智慧酒店可能会成为更多用户的选择。借助机器学习、深度学习等智能技术，我们可以不断分析和理解用户行为，获得洞察和满足用户真实需求，不断优化用户情感和生活体验。通过提供智能、安全、可靠的个性化服务来迎合消费者的智能品位，同时为年轻群体创造新的生活方式[①]。

五、智慧酒店建设重点

（一）酒店目标市场定位

一家酒店的生存和发展其实取决于当初的设计定位，首先，要确定目标市场，主要考虑为什么样的人提供什么样的服务，对象是商务客人、旅游客人、周边居民、附近企业员工、休闲度假客人，还是周围大型设备配套机构，如医院、游乐场、体育场、景区、学校等。其次，就要选择和确定位置、类型、规模、配套设施等。最后，要考虑营销模式、盈利模式、员工构成等经营方面的问题。如果是在营酒店，其实还是要

---

① 赵婧娴.智慧酒店中的用户体验设计——以菲住布渴为例［J］.设计, 2020, 33（17）: 63-65.

重新定位和设计的，这叫颠覆或转型。

（二）规划和一体化设计

智慧酒店建设其实等于一个综合、大型的建设项目。在建设之前必须由专业团队或第三方根据酒店定位、战略、经营方针等进行总体规划和一体化设计。

内容包括：总体目标、信息化建设现状、组织体系、系统构成、技术要素、项目周期、相关条件或配套、业务流程重组、投入预算、步骤或计划等。要做到总体和一体化设计，分步实施，注重各系统的融合、互通，与业务模式的匹配。

（三）方案和预算

对于智慧酒店建设，必须有一定量的人、财、物和时间上的投入，因此，在分步实施和引进系统前必须有具体的实施方案和相关预算，包括系统要达到的效果、主要构成、是否招投标或供应商意向、建成时间要求、预算。

（四）选型和系统整合

智慧酒店建设的质量和效果，取决于引进的技术是否先进可靠，在选型上可以参照 ERP 管理系统"集成性、先进性、统一性、完整性、开放性"的理念，还要注意系统前瞻性、实用性、系统性、联动性、稳定性。对于酒店集团，由于大多是战略合作或批量购买，要考虑长期和持续的更新、完善、改造，因此还要注重技术提供方的企业成长性和服务质量。另外，系统和设备购买时要充分考虑与酒店现有设施、设备、酒店人员结构相匹配，建立系统关联，之后还要进行有效的系统整合，方便维护和使用。

（五）流程重组和优化

酒店在提出智慧酒店建设需求和软件购买前，必须围绕规划目标，梳理、优化业务和管理流程，做好服务标准化和管理制度化，这是信息化成功与否、效果好坏的关键，系统实施后还必须持续优化业务流程。

一是组织专业人员梳理业务流程和管理流程（组织体系），并对重点业务流程按价值链、供应链管理，并对物流、人流、资金流（财流）、信息流进行优化。二是进一步规范房型、业务术语、服务区域（部位）、服务类别、人员职务、包间、菜肴、原材料、设备、产品组合等代码体系。三是围绕业务流程设计适用于酒店的基本业务表单、管理表单和业务、人事、财务等报表体系。四是基于流程定义部门、岗位职责，并制定酒店管理制度和与制度相关的考核体系，建立健全绩效管理体系和档案管理办法、规则。

（六）智慧应用和创新

智慧酒店在于智慧，在于实现客人的个性化、定制化等最佳体验，因此智慧酒店建设是不能有标准的，否则会互相矛盾或都只能叫成功的酒店，而不是真正的智慧酒店。酒店在实施时，必须充分发挥人的主观能动性，用互联网、开放的思维和创新意识去设计酒店软硬件、营销策划、建设方案、业务模式和应用场景。要围绕客人需求，从个性化服务、客户满意度方面做文章，创造性地利用现有的、流行的、实用的信息技术，与酒店人、财、物共同作用，从而达到智慧管理、智慧营销和智慧服务，实现酒店开源节流和最佳效益。

六、未来智慧酒店展望

预计"新冠"疫情将对游客消费行为产生深远影响。在设计智能酒店客户体验架构的过程中，如何将智能酒店与客户之间的"触点"可视化和清晰化，是酒店管理者都必须面对的问题。

将来可运用的手段将更加信息化、数字化、智能化、网络化、互动化、协同化、融合化，在表现形式上充分体现平台化、个性化、支付手段多样化。通过科技平台、个性化服务平台以及综合服务平台打造核心价值体系实现酒店产品的深度开发和信息资源的有机整合，实现酒店资源与社会资源共享与有效利用的管理变革。

同时实现科技创新价值、产业支撑价值、经济效益价值以及社会拉动价值。在技术上将广泛使用超声波、人脸识别、智能穿戴设备、虚拟现实、摇感、卫星定位和精准导航、3D打印、混合云、万物互联、人工智能（AI，包括机器人、语言识别、图像识别、自然语言处理和专家系统等）等高科技以及多样化的移动设备。应用ERP系统、前台人脸识别系统、公共区域内部导航系统、虚拟体验系统、收益系统、数据分析系统、经营决策系统、多项服务智能机器人。

有关场景展现可分为以下几种。第一，内部导航。即先确定要去的房间、车位、会议室、餐厅、住宅、商场、柜台等，用App、微信、内部地图等进行手机导航至目标。第二，停车场。采用超声波和地感线圈监管车位占用情况，引导场内停车。第三，人工智能服务。未来酒店将采用国内最先进智能管理系统，同时将在服务台、大厅、走廊、房间内等安置机器人，从办理入住、人脸识别开房到开启灯光、窗帘，包括咨询、景点介绍、行李运送甚至互动娱乐，为客人提供周到的服务，提升客人的新奇感。

未来酒店机器人将突破行业传统技术方案的瓶颈，解决了集成度低、稳定性差、功耗偏高等问题，可使酒店的平均费用节省2/3左右，且能巧妙利用酒店空间，实现遥控器一键切换电视、电脑等不同功能，使用便捷。

智慧酒店的建设将全面、系统地提高管理和服务水平，从根本上颠覆传统酒店业的经营管理模式和盈利模式。不同类型的酒店可以根据自身的定位进行智能升级，了解消费群体的需求进行转型。高端酒店集团可以像阿里巴巴一样成立专业的研发部门，根据自身酒店的特点对系统进行优化和完善。中小型酒店也可以利用互联网公司提供的设备和系统，根据自身需求定制智能服务。在技术上完善、在服务上创新，逐步探索属于自己的转型之路和发展之路。在疫情常态化的大背景下，酒店智慧化已经成为一种趋势，不仅为无接触服务提供一种新的思路，也能提升客户的入住体验。

第二节　美团智慧酒店解决方案

一、美团酒店发展历程

2015~2017 年，美团酒店凭借"Food+Platform"这一模式，搭乘 OTA 发展的快车快速崛起，仅仅用了三年的时间，美团酒店旅游业务营收从 2015 年的 37.7 亿元，翻了近 3 倍，达到 2017 年的 108.5 亿元。在市场格局方面，在线酒店预订行业保持"手机订酒店，5 成上美团"的趋势。2019 年，美团国内酒店订单量高达 51.7%，间夜量占比 49.8%，首次全年持续超过携程。美团酒店成功的关键是依靠"Food+Platform"这个平台，美团是依靠送外卖起家的，"吃"对于用户来说是一个高频要求，特别是对于现在的年轻人来说，点外卖已经成为生活中的一部分，顾客黏性较大。日常生活中，人们打开美团的频率比较高，美团正是利用这一优势，用点外卖的高频率带动预订酒店的低频率，不仅控制了流量和宣传的成本，也实现了美团酒店的成功引流。据数据显示，在美团酒店预订的用户中，80% 是从外卖和餐饮业务转化来的。

美团是从 2013 开始涉足酒店旅游业务，2014 年美团在线上酒店这一领域开始全面布局，其间与 7 天连锁酒店达成合作协议，直至 2015 年 7 月 1 日，酒店旅游业务上升至美团的公司战略层面。公司的重视、低佣金率、IT 系统技术、高流量等，使美团的酒旅业务迅速崛起。2010 年，美团研发了自己的系统，软硬件开发、智能推荐、移动支付、路径规划以及未来可能的无人配送技术等，为日后美团的发展奠定了基石[①]。

---

① 汪小楼."特快增长"背后美团酒店如何继续演进？［N/OL］.银杏财经，2018-11-29［2021-02-13］. https://baijiahao.baidu.com/s?id=1618462506595780790&wfr=spider&for=pc.

2019 年，美团平台年度交易用户达 4.5 亿，全年收入同比增长 49.5%，达 975 亿元，其中餐饮外卖业务保持持续增长[①]。2020 年第三季度财报显示，美团年度交易用户高达 4.8 亿，用户平均交易笔数 26.8 笔，活跃商户 650 万[②]。

美团模式具有很大的发展潜力。美团通过"Food+Platform"这个超级平台，在间夜数 2 亿的体量下，保持 30%~40% 的增速，这在全球范围看都是不多的。根据美团酒店大数据，对比 3 年前通过美团预订酒店的用户，现如今，其酒店消费的每间夜交易金额增长接近 40%，其在高星酒店的消费比例也有所提升。较低的流量成本、客源成本、宣传成本使得美团拥有更大的议价空间，这也是美团优势的关键所在。

美团把握住了年轻人的"非商旅需求"。相较于传统的酒店、旅行社着眼于"商旅需求"，美团敏锐地把握住了年轻群体的"非商旅需求"。这部分群体大部分是三、四线城市的年轻人，他们由于具有使用美团的惯性，会在美团上预订酒店、轰趴馆、周末游、一日游等产品，来满足毕业聚会、周末旅行、开学小聚、研学旅行等需求。在这一方面美团无疑是成功的，为年轻人带来了更好的产品，而抓住未来的消费主体则会为美团带来巨大的竞争优势。

二、美团酒店面临的问题

（一）忽视商家诉求，商家合作意愿减弱

美团通过收取商家佣金来盈利，为了以更低的价格吸引消费者，美团不断压低酒店的供价，消费者虽然享受到了物美价廉的产品服务，但商家苦不堪言，一边缴纳每单不少于 10% 的佣金，一边还要压低价格寻求合作。美团没有及时重视商家的诉求，在商家权益受损时也未能提供保护，这会导致商家放弃与美团的合作，从而寻求其他的线上平台。

（二）宣传方式单一化

随着互联网产业的发展，宣传渠道也在与时俱进，为美团提供了更多的宣传方法，如抖音、哔哩哔哩、小红书等，但是美团目前还是采用传统的宣传方法，即针对目标用户发短信、邮件，在地铁、公交等公共场所张贴广告，提高曝光度，而对于新型的

---

① 刘斯会.美团 2019 年财报：年度交易金额增至 6821 亿元 受疫情影响一季度预亏［N/OL］.证券日报，2020–3–30［2022–03–09］. https://baike.baidu.com/reference/5443665/72fcsPNLNszVYW_J3Ufvj9zmYXd8dhdwaa3Z7pd8Lpwex6PLIddLfkrQdPtLyDhVa4ykdWyZmA37tgQ2tUBQDB1gLo9H0aIVp376zlnDtkorGbC8QK9JNWaAwoQ0nQRSOM_p.

② 王晓斌.美团发布 2020 年 Q3 财报：总收入 354 亿元 新业务亏损加大［N/OL］.凤凰网科技，2020–11–30［2022–03–09］. https://baike.baidu.com/reference/5443665/ad31svswjOtUIRbfWNafQuETn_YvrmQ06CIwy6bTlK1p8uh9rt9K0QzOtVLXPmQrG83SVRNPiK7EeMiChh2vDUM.

宣传方法采用较少。

（三）团购模式导致的顾客黏性差

低价团购优势是美团的核心竞争力，但是由价格优势产生的顾客黏性很难维持，一旦顾客找到了其他价格更低的产品，或者发现美团的价格略高便不会选择美团，低价模式易模仿，由低价吸引来的消费者黏性低，难以培养成忠诚的顾客。

（四）不稳定的竞争环境

中国互联网发展的时间虽然不长，但增长速度惊人。在高速发展的互联网时代，如果不能紧跟时代的步伐，便很容易被时代甩在后面，目前的竞争环境十分激烈，由于美团的早餐业务不能很好地盈利，不得已关停了，美团的酒店团购业务也是如此，需要逐渐适应环境，保持敏感度，才能不被时代抛弃。

三、美团酒店所处环境

行业前景巨大，但市场竞争激烈，美团的盈利能力下降。相较于西方国家，中国在线酒店市场具有更大的发展空间，截至 2019 年 1 月，酒店预订投资占比高达73.34%，这对在线预订酒店来说既是机遇也是挑战。随着携程、同城、驴妈妈、去哪儿、马蜂窝等线上预订平台加入预订行业，激烈的竞争便开始了，互联网公司在酒店市场的竞争愈演愈烈。反观美团酒店，其依靠 10% 左右的佣金来获取收益，收益随着团购数量的增多而提高，市场的动荡、疫情的影响等都会使美团的收益受到影响。

四、美团酒店发展路径分析

（一）重视上游商家，与商家形成双赢

美团在消费者与供应商的交易过程中扮演着中间商的角色，首先跟商家达成合作关系，收取商家一定佣金，在美团平台上线产品并以低于市场价的价格卖给消费者，归根结底，美团的收益是通过商家获取的，因此，保障商家的权益是美团发展中重要的工作。一味地恐吓、提高佣金并不能解决根本问题，反而伤了合作者的心。美团应该与商家及时沟通，满足其合理的诉求，可以不定期走访商家，收集反馈意见，从而达到合作共赢的目的。

（二）打造良好的管理团队

在企业发展的不同阶段有着不同的特点，相应地，管理模式也不能一成不变，而要随着企业的成长做出相应调整，美团可以内部探索，也可以积极学习借鉴其他企业的经验，从而开发出合理的管理模式，打造一支优秀的管理队伍。

（三）宣传与目标群体一致化

美团对年轻人群体的需求把握得很到位，但是相应的宣传措施却不尽人意。美团的宣传方式和宣传内容依旧非常传统，主要采用广告、短信等方式，美团可以在年轻人经常用的媒体软件上发布广告，以达到更好的宣传效果，如请当红明星代言、微信宣传、微博宣传，或做宣传小视频投放到抖音、哔哩哔哩等平台，实现宣传方式与时俱进、多元结合。

（四）开发新的酒店订购方式

美团目前的酒店预订业务主要以团购为主，虽然吸引了一大批价格敏感型顾客，但这些顾客并不忠诚，他们会因为美团产品价格低选择美团，同样地，也会因为美团产品价格升高而离开美团。为了进一步培养忠诚的顾客，美团需要探索其他酒店预订方式，使之与团购模式区分开来，并辅以有效的宣传措施，实现多种酒店业务共存的差异化发展格局。

（五）与本地服务结合，形成新的竞争力

美团的强势业务是外卖业务，这一业务主要是在同城开展，此外，美团的电影预订、旅行预订、酒店预订等也是以同城消费者为主。美团可以发挥同城优势，推出组合产品，如"主题酒店＋周边游""酒店＋轰趴""酒店＋电影""酒店＋美食"等组合，形成新的竞争力。

（六）提高覆盖率

美团对消费者的渗透做得比较好，无论是一线城市还是四、五线城市，消费者们都熟知美团，但是美团酒店合作的酒店却主要集中在经济型酒店，缺乏高星级酒店、特色民宿、主题酒店等酒店预订产品。因此，为了满足不同消费者的需求，美团应该积极寻求与以上酒店的合作，提供更加多样化的产品。

总之，外部激烈竞争的市场环境是客观事实，美团酒店业务可以扬长避短，抓住发展机会、拓宽酒店业务、培养忠诚的顾客，从而在市场中谋得一席之地。

第三节　阿里面向未来的新型酒店

"携手酒店同业打造一个面向未来、基于信用体系之上、并致力于为用户提供极致体验的新型在线旅游服务平台。"

——阿里未来酒店战略

阿里巴巴起源于电子商务，最初模式就是更好地连接买家和卖家。受益于整个中国互联网用户的迅猛增长，尤其是中国年轻网民的增长，2018 年，阿里巴巴已经是全球最大的零售企业。2017 年，阿里巴巴的中国零售平台有超过 3.767 万亿元人民币的交易额。这个交易额相当于全球第 20 大经济体。阿里巴巴上榜"2019 年上市公司市值500 强"，排名第一。2021 年 5 月 13 日，阿里巴巴发布 2021 财年全年营收 7172.89 亿元，市场预期 7092.33 亿元，上年同期 5097.11 亿元。2021 财年全年净利润 1503.08 亿元，市场预期 1651.75 亿元，上年同期 1492.63 亿元[①]。

阿里巴巴致力于打造经济生态系统，建造可供买家与卖家、用户和用户之间的交易互动平台，并提供阿里云计算等数据技术，共享科技成果。在未来的发展中，阿里巴巴着眼于打造"五个全球"，实现全球买、全球卖、全球运、全球付、全球游，可见旅游成为阿里巴巴未来发展方向之一。那么，阿里巴巴凭借什么进军旅游领域呢？

第一，其拥有全球最大规模在线消费者群体。2019 年第四季度移动月活跃用户高达 8.24 亿人，年活跃买家交易额达 7.11 亿元。大部分消费者将淘宝、支付宝作为自己生活消费的关键点。第二，阿里拥有世界领先的云计算能力，阿里云计算体系在全球拥有超过 75 万台服务器，并在中国、新加坡等全球 14 个地点设有数据中心，满足了酒店系统需要的存储、计算等功能。第三，阿里巴巴建立了全面、立体的用户行为大数据，包括购物、支付、餐饮、娱乐等多个涉及旅游领域的数据，能够形成比较完整的用户画像。

飞猪是阿里巴巴旗下面对年轻消费群体提供旅游服务的品牌，是阿里巴巴大生态系统的重要组成部分。2015 年，飞猪将酒店作为切入点，通过在未来酒店 1.0 时代推出"信任住"，从而帮助建立消费者与酒店之间的信任，为日后酒店业务的发展奠定了坚实的基础。

---

① 王付娇. 阿里巴巴发布新一季财报：营收 1190.2 亿元，同比增长 40%［N/OL］. 界面新闻，2019-11-01［2022-03-09］. https://baijiahao.baidu.com/s?id=1649003220531637527&wfr=spider&for=pc.

"信任住"模式的背后是大数据提供的支持。阿里酒店目前已经授信 2.3 亿多位中国用户在近 10 万家酒店进行全场景消费，不局限于酒店内的消费，也包括酒店外的消费，如入住与亚龙湾合作的酒店的顾客可以非常方便地去亚龙湾游艇会消费，所有的消费将统一通过支付宝进行自动结算。

实行"信用化"后，将大幅提高顾客的消费体验。顾客在办理入住和离店时都能享受到宾至如归的体验，打通了各个消费场景、支付方式间的壁垒，极大地节省了办理手续的时间，提高了工作效率，使用"信用住"的酒店平台回复率和工作效率提高了近 2 倍。

"未来酒店"战略第一阶段最先上线的是与芝麻信用合作的"信用住"服务。芝麻信用是国内第一个个人信用分，芝麻分的高低代表了用户的信用水平。用户在阿里旅行预订酒店时，芝麻分达到 600 分即可选择信用住。用户先入住后付款，无须担保零押金，离店时也无须排队，只需把门卡放到前台，系统会自动从用户的支付宝账户里扣除房费。"信任住"的出现是希望改变传统入住登记排队、退房排队等现象。全国已经有如家、香格里拉、喜达屋等近 5500 家酒店加入"信任住"项目，"信任住"有着广阔的发展空间。

"信任住"模式对传统的酒店入住模式提出了挑战。传统的 OTA 平台具有佣金高、效率低下、信息闭塞、临时变更流程复杂、人工信用担保信度不够、信息易被泄露等问题。特别是在信息安全方面，传统高 OTA 平台由于有大量人工操作环节，顾客的个人信息很容易被泄露，而"信任住"很好地解决了这些难题，省去了大量人工处理的环节，支付宝系统会自动脱敏处理用户隐私信息，"信任住"模式突破了传统酒店业的发展瓶颈。

对于酒店消费者来说，未来酒店不仅能提供更好的入住体验，也为消费者带来了更多的安全感。传统在线旅游平台采用的是人工处理信息担保方式，个人信息被泄露的事情时有发生。未来酒店借助芝麻信用，无须人工信用担保，并且支付宝系统会自动脱敏处理用户隐私信息。从自动生成订单、信用担保到结账离店，在保障便捷支付的同时，也确保了用户信息隐私安全，为消费者的信息安全提供了保障。

在"信任住"的基础上，未来酒店还将探索更多的服务方式，提高顾客的消费体验，如提供自助选房、自主前台等功能。今后也会考虑打通酒店和平台的会员体系，让散落在平台上、各家酒店会员卡里的"积分"真正"当钱花"。"未来酒店"这一新业态通过不断与酒店业协作，致力于提供有温度、有信用、有质感的服务。

飞猪目前正在布局"智慧云"。飞猪推出"未来酒店 2.0"模式，利用强大的实时数据计算处理能力，帮助酒店实现信息化、系统化，同时为消费者提供高效的服务体验。另外，飞猪也开始尝试做赋能酒店平台，平台集交易计算、数据开放、会员共享为一体，通过互联网和大数据为酒店赋能。飞猪在杭州阿里巴巴西溪园区建立了一家实验性的"未来酒店"。整个酒店没有刷卡设备，也无须通过工作人员进行结算，因为云端PMS（酒店管理系统）会自动算好账，提高了结算和入住的效率。

此外，阿里巴巴集团将人工智能技术应用于酒店，打造了世界上第一家支持人脸识别的无人实体酒店——FlyZoo Hotel。FlyZoo酒店位于中国杭州，拥有290间客房。阿里巴巴的在线旅游平台飞猪，以及阿里巴巴集团的其他业务部门，如阿里巴巴人工智能实验室，通过各部门的协作，形成了完善的服务体系。这是一个与传统酒店不同的服务体系，他们设计了酒店用户体验流程，一套完整的数字化运营平台、智能服务中心和场景，并发布了不同类型的客房，一切都交给了AI。FlyZoo以一系列人工智能服务为特色，为客人创造方便、无缝衔接的体验。

Part 6

第六章　乡村场景应用：让智慧接地气

第一节　科技赋能的美丽乡村

在互联网、大数据、云计算等科技不断发展的背景下，大数据时代逐渐到来，"互联网＋乡村旅游"成为乡村旅游推广的新常态①。乡村依托互联网大数据的优势，运用互联网思维，整合乡村内的资源，对乡村内的旅游资源进行升级改造，形成"互联网＋乡村旅游"的发展模式，通过开发特色的乡村旅游产品满足游客个性化的旅游需求。

同时，互联网时代的乡村旅游发展，能够引发乡村旅游互联网众筹、互联网招商平台等众多新型乡村旅游投融资方式出现，这有效推动了乡村旅游的招商引资工作。此外，得益于互联网的发展，乡村旅游的监管、服务、评价、投诉等将更加透明，促使乡村旅游的服务水平与服务质量显著提升②。

互联网与旅游正在逐渐融合，旅游业的巨大变革已经到来。传统农家乐模式的乡村旅游陷入困境，亟须借助互联网的力量提质转型，发展智慧乡村旅游。智慧乡村旅游拥有一体化、全方位、信息智能化的感知系统，能够即时获得有关信息，借助了新一代电子信息系统技术结合互联网、物联网、云计算等科技，智慧化收集处理各种综合旅游信息，更好地满足游客的需求，提升游客的体验。

---

① 朱伊萌."三农"产业融合中的乡村旅游业发展问题探讨［J］.天津农业科学，2018，24（6）：14-17.
② 马鸿琳，于朝东.黑龙江省漠河乡村旅游线上发展研究［J］.边疆经济与文化，2021（4）：22-24.

一、乡村旅游发展的良好前景

（一）国际国内乡村旅游发展大趋势

早在 2011 年，杭州、北京、南京、扬州等地就已经成为"智慧旅游"试点城市。这些试点城市推动了智慧乡村旅游的普遍应用发展，乡村旅游电子商务采购平台、旅游商品在线运营、乡村旅游咨询平台等服务平台也在逐步完善，智慧乡村旅游成为旅游业发展主力军。近十年来，国内乡村旅游人数和收入正在逐年递增，如今全国已有 10 万个以上特色村镇，农家乐的数量也超过 200 万个。相较于国内，国外乡村旅游发展更早也更成熟，如澳大利亚、葡萄牙、爱尔兰等国家信息搜索、现代化服务、智能服务设施已经成为乡村旅游发展趋势，国内智慧乡村旅游还有很长的路要走。

（二）促进乡村生态环境的监控和保护

大城市快节奏的生活使人们厌倦，为了逃离惯常居住环境，获得短暂的休息，大多数人们选择去周边乡村进行短途旅游。但是受地域和条件设施的限制，乡村景区的承载量不高，这是乡村旅游发展的一大难题，互联网赋能乡村旅游可以有效地解决这一问题，乡村景区可以通过互联网技术记录游客到访数据、避免盲目接待游客造成人满为患从而产生安全问题；利用互联网监控生态环境污染、乡村水资源污染；利用互联网科学指挥景区工作人员及时分流疏散游客等。总之，智慧乡村旅游能更大范围地实时监控乡村旅游景区，保护开发乡村旅游资源，保护环境，使其健康可持续发展。

（三）突破乡村旅游发展的瓶颈

由于国内城市和农村经济发展水平、人力资源差距较大，导致农村资金不足、劳动力严重匮乏，空心村的现象也时有发生。虽然国家近年来重视了乡村旅游的开发，但是效果并不显著，在产销一体、建立和推广品牌、产品单一、资源开发重复等方面仍然存在很多问题。"互联网＋"智慧乡村旅游的发展模式可以有效解决这一难题，可以通过引入互联网运营、加强宣传推广、提升管理和服务水平等举措来突破瓶颈，创新发展。

二、乡村旅游发展的瓶颈

（一）早期乡村旅游产品单一

早期的乡村旅游以"农家乐"为主，土院落、土炕、游客睡农家屋、吃农家饭、干农活，这是早期乡村旅游的旅游产品和基础形态。旅游产品价格不高，在当时来说是一种体验生活、回归自然的选择，但这也成为制约乡村旅游发展的瓶颈。如今，人们有了明确的、个性化的旅游需求，早先单调、雷同的农家乐产品已不能满足人们的需要，仅仅是基础的产品形态并不足以产生强大的吸引力。

（二）乡村旅游资源没有整合

每个乡村都有独特的旅游资源，各地民俗、风貌、建筑、文化、饮食等存在不同之处，这是构成乡村旅游核心竞争力的关键因素。而国内乡村旅游由于受地域和经济条件限制，基本上是"单打独斗"，各自为营，没有有效地整合旅游资源。自给自足的农耕生活，已失去竞争优势，绝大部分的乡村旅游没有与互联网深度结合，虽然也加入了部分农家采摘、烧烤垂钓，但形式不多、地区分散，短线和长线及网点布局的区域性联合乡村旅游发展不多。零星、分散的乡村旅游产品开发运营成本高，不成规模，难以形成持续的吸引力和品牌特色。

（三）乡村旅游宣传不到位

一些农村地区的乡村旅游处于刚起步阶段，周边并未带动相关乡村旅游的发展。探究原因，一是当前乡村旅游景点开发尚未达到成熟阶段，住宿、餐饮、交通、娱乐等配套设施不完善；二是宣传力度不够，周边城市的人群根本不知道有这样的可供休闲放松的乡村旅游地。酒香也怕巷子深，即使乡村旅游产品做得再好，没有有效的宣传方式打开知名度，乡村旅游产品也不会产生良好的效益。小村庄发展旅游项目本身不易，建设主体主要依靠当地自然村的村委会，在人力、财力、物力上，都不足以做好开发和宣传工作。在管理和宣传的人员上面也多为农民自身，缺少宣传手段和知识，对于互联网和新媒体的应用不多，大多靠口口相传的宣传方式，因此宣传效果较差。

三、"互联网+"视野下智慧乡村旅游发展新模式

（一）依托科技信息型：科技引导现代智慧乡村旅游发展

像新加坡、日本、荷兰等国，科技引领现代农业建设和乡村旅游发展较早，也相对成熟，可以为我国乡村旅游发展提供借鉴参考。随着科技逐渐融入农业生产和生活当中，我国也建成了一批科技园区，加速了我国现代农业发展，提高了农民收入。科技引领下的集农业观光、教育、体验、展现农村风貌为一体的现代乡村旅游业，已成为我国智慧乡村旅游未来发展的新方向。在此基础上，科学规划乡村旅游发展，不盲目跟风，要切合当地农村实际，放眼未来规划蓝图。例如，海南的兴隆热带植物园，作为典型农业科技观光案例，科技与乡村旅游的联合发展体现了科技助推乡村智慧旅游发展模式。

（二）创意主导型：互联网推广传统民间艺术和乡村旅游品牌形象

"百里不同风、千里不同俗"，农村各地都有自己的民间艺术和民间艺人，这是打造乡村文化创意旅游的重要来源。皮影、泥塑、紫砂、微雕、陶瓷、果核雕刻、刺绣、毛绒、布艺、木艺、文房四宝、书画、铜艺装饰品、漆器等具有鲜明的地方特色，代表着一个地区和民族的文化传承，具有乡村旅游的独特性。可以通过互联网推广宣传板块、3D 直观网上动画、实景展示，使民间艺术和旅游景区联动，进行民间艺人现场制作、民俗展览等。这不仅丰富了乡土文化生活，让游客能够先从网上了解，然后到实地参观，最后参与制作①，加深了游客乡村旅游体验，创新了传统艺术模式，也强化了乡村旅游的品牌形象，如典型的传统民间艺术与旅游对接——无锡泥人文化创意博览园，互联网发展与传统民间艺术的乡村旅游深度融合才能取得更好的发展。

（三）依托产业型：特色庄园乡村旅游发展模式

要实现农业与旅游业的协同发展目标，拓展农业向二、三产业延伸发展，可以通过以产业化程度极高的优势农业为依托，打造特色庄园乡村旅游发展模式。深度开发"农业＋乡村旅游"产品组合，拓展乡村旅游产品层次，如农业观光、休闲、体验、度假等功能，还能带动周边餐饮、农副产品深加工等相关产业发展②。但特色庄园只适用于乡村旅游发展较成熟、农业产业规模效益显著的地区，以特色农业的自身景观、农产品采摘、加工工艺和产品体验为旅游吸引力，对当地产生了较大的产业经济协同效益③。例如，台湾省的庄园旅游把食、住、行、游、购、娱、美的魅力都充分发挥，让游客在乡村旅游中深度体会和感悟。

（四）依托历史文化型："互联网＋"古村古镇乡村旅游发展模式

古村古镇是中国旅游资源中独具特色的景观，也是乡村旅游中一个独特的类型，其淳朴的民风、古色古香的建筑遗迹、小桥流水人家的氛围和深厚的文化底蕴，颇受游客的青睐。但是古村古镇旅游发展中矛盾也不断加深，限制也越来越明显，传承与商业化的博弈，旅游开发中保护与开发之间的矛盾，游客过多与环境承载力之间的矛盾等。所以古村古镇旅游要实现可持续健康发展，既要最大限度地保持历史文化面貌，又要传承传统文化，还要充分发挥旅游经济效益的发展模式，必须转型探索。"互联网＋"古村古镇的发展模式既是风向标，也是切实可行的方法，如 2019 年在乌镇举办

---

① 房小珍.基于"互联网＋"旅游特色小镇发展探讨［J］.度假旅游，2018（1）：91–94.
② 姜凌云，朱智霞.武汉市普惠金融发展研究［J］.时代金融，2018（2）：101，105.
③ 施文玲，侯子楠，张艺轩，等.田野集团乡村公园之开心农场品牌设计与实践［J］.作家天地，2019（13）：104–105.

的第六届世界互联网大会，既充分利用了古镇特有的地势资源，展现了中国淳朴乡村民居风貌，又恰到好处地接待了来自五湖四海的海外来宾，"坐古谈今、畅想未来"，不亦乐乎。乌镇发展模式值得借鉴和探索，古村古镇文化传承和创新发展要相辅相成。

四、发展智慧乡村旅游的方向和保障

（一）完善智慧乡村旅游基础条件

乡村旅游景点各具特色，旅游资源分散，可利用互联网技术整合各乡村地理信息资源、人文信息资源、民间艺术资源等，建立配套的智慧旅游基础服务系统，建立全国联网 3D 立体乡村旅游地图、乡村优秀导游检索信息软件、乡村旅游路线旅行社指南等[①]，为智慧乡村旅游提供前沿、快捷的专业服务。同时提供完善的景点交通、网络、医疗卫生、健身等公共基础设施，保障智慧旅游的硬件设施。

（二）推广"智慧乡村旅游"的 O2O 模式

O2O 模式是未来旅游业发展的全新商业模式，通过互联网技术，实现旅游的线上资讯和线下游览、服务等无缝对接。政府部门联合相关农业开发公司与旅游网站合作开发，将乡村旅游资源进行分级、整合、包装租赁、度假产业化、规模化、信息化管理，开展在线展示、在线预订、网上促销等，借助网络平台和 App 软件与游客在线互动，提高乡村旅游资源利用率和增加客源量。为了增强游客的智慧化体验，需要研究和引领市场需求，创新相应的乡村旅游智慧产品，如智慧化乡村特色住宿、村庄智能解说、村民体验、人性化服务设施等来满足游客的个性化需求。还可以通过网上评价、打分、晒图等活动，监督乡村旅游景区服务，提高乡村旅游服务质量。

（三）建立健全旅游信息使用保障体系

智慧乡村旅游的发展是一个长期的工程，需要能运用计算机、互联网技术的相关行业主管部门和旅游企业人员，通过真实可靠的信息技术产品，与第三方安全评估与监测机构合作，避免发布虚假、价格虚高、过时的乡村旅游资讯。为建立健全智慧乡村旅游信息标准化建设，要制定标准统一、数据规范、体现特色、持续更新的乡村旅游信息库。同时要构建以数据真实、网络安全、用户安全为主的多层次安全体制，促进当地政府和企业间信息系统的更新合作与科学化管理，实现客源、行业部门、旅游地之间互通互联、安全、真实的信息资源共享。

---

① 王遥. 乡村振兴背景下苏州新型乡村经济体问题研究［J］. 价值工程，2019，38（32）：47-48.

（四）提高农村人口文化知识水平，专门培训相关技术人员

伴随我国经济增长和改革开放的红利，农村人口文化水平和整体素质也有很大提升。大学生、研究生在农村比比皆是。但是还有相当一部分的农村人口，包括老年人甚至中年人，他们文化程度较低，早早外出打工。而智慧乡村旅游是一个全面、综合、复杂的系统工程，惠及面广、涉及技术多样。涉及的现代科技有移动、无线通信技术、云计算、海量数据存储管理技术、传感器网络技术和虚拟化技术、GIS 采集、运算、分析、描述系统、物联网无线射频识别系统等。涉及的应用设备有 RFID 射频识别，全球定位、气体感应器、交通流量统计器、监控器、红外感应器、激光扫描器等。

而对于这些技术和设备的应用与管理，不可能全部都聘请城市专业人员，这样做第一成本太高，第二不利于当地人员就业，第三实行难度大。所以智慧乡村旅游的发展，应系统逐步地带动当地农村人口"积极学习"，重点培养农村大学生学习相关的专业技术，支持他们回乡发展，支持乡村建设。政府部门可以启动创业基金、培训基金来提供支持，这对带动农村剩余劳动力就业，提高农村人口的文化水平和素养有积极意义。

（五）整治乡村环境卫生，推出村庄特色

智慧乡村旅游，不光体现在运用互联网技术、科技创新、培训专业人才等方面，还要综合整治乡村环境，打造当地乡村旅游特色化。当前很多农户很注重家里的房屋大小、装修是否豪华，但并不注意家门口周边环境是否整洁卫生、牲畜粪便是否清除干净。根据调查显示，94.54% 的苏南农村地区会注意保持住宅周边环境清洁，并充分利用宅前屋后空地种植蔬菜花果；而只有 74.42% 的苏北农村地区会注意房屋门前环境卫生；这在很大程度上影响着整个村庄的环境和形象。建设突出本地农村特色的房屋、体现浓郁的民俗文化、形成智慧乡村路网，应使家家门前干净整洁、农田规划有序、花草树木环绕，这样无形当中就会为乡村旅游景区加分，舒适的宜居环境会吸引更多的游客前来体验乡村乐趣。

智慧乡村旅游是国家智慧旅游、智慧生活的重要组成部分。伴随互联网世界范围内的不断发展，新媒体、新技术为乡村旅游发展提供新动力。相关政府和部门能够联合旅游企业并借助互联网技术，科学规划、宣传和打造智慧乡村旅游体系，选择适合自身的智慧乡村旅游发展模式，弘扬本土特色乡村文化，吸引更多客源和带动周边经济发展，引领乡村旅游新时尚。

第二节　生态科技乡村：菊花烂漫的西柏店

菊花向来是隐逸高洁之士的最爱，于百花凋零的深秋时节，傲然挺立绽放。菊花除了美学价值之外，在北京平谷区西柏店还能体验一场菊花宴。菊花不仅是西柏店的产业，也是村内整个生态循环农业链上的重要一环。

一、生态循环农业持续发展

西柏店村位于北京市平谷区西部，距平谷城区7千米，距顺平路1.5千米，交通便利。全村现有220户，村民707人，村庄面积0.2平方千米，农林用地0.5平方千米，村域面积约1.2平方千米。西柏店村的发展特色是循环农业，主要以畜禽养殖和蔬菜生产为主导产业。自2006年以来，西柏店村依托村域资源，加强与中国农科院、中国农业大学、北京农学院等科研院所互动，建立长期合作关系，科学规划，大力建设西柏店村生态循环农业园区。2005年，西柏店村村民人均收入4800元，经过8年的迅猛发展，2013年村民的收入已高达1.8万元。2014年，西柏店村入选"美丽智慧乡村"集成创新试点项目，探索建设美丽中国、推动农业和农村可持续发展的新路径。

西柏店村还成为五个循环农业试点之一，以沼气为核心，第一期工程2007年建设，2008年正式实施，二期工程2010年建设。现在达到1800立方已经可以覆盖三个村，二期工程实施后将可以覆盖周边九个村，运转起来能保证4000户做饭，每人全年只需花费300元就足够。

西柏店村以"生态循环"为特色，以科学发展观为指导，大力发展生态循环农业，实施了一系列生态循环经济为主体的新农村建设工程，建成了全国最大的"食用菊花"生产基地。经过科学规划，西柏店村依托原有资源，大力建设以"畜牧养殖区""蔬菜种植区"和"沼气能源区"组建的西柏店生态循环农业园区。园区内有占地0.2平方千米、160余栋的日光温室大棚的生态种植园区，有全新改造升级的4个养殖小区以及供应周边3个村庄的大型沼气集中供气工程。该园区充分利用园区种养业资源，人畜粪便进沼气站，沼渣沼液再还田，形成了一种充分利用生物质能资源的、以沼气池为纽带的"猪—沼—菜"能源生态模式，实现了种养经济高效化、园区生产有计划、园区环境清洁化、农民致富生态化的发展模式。生态园区的建成，使西柏店村的畜禽养殖和蔬菜生产产业得到了大力发展。西柏店村以农业现代化为主攻方向，在日光温室大棚安装物联网设备，农户可对菊花生产进行环境监测、远程控制、智能灌溉等，信息化与产业融合，利用物联网、二维码等技术实现生产全过程监控，农产品质量可追溯，让消费者买得更放心，吃得更安心。

为了借助科技力量，引进新产品，西柏店与北京市农林科学院签订协议，打造该科研院校的食用菊花种植基地。截至目前，西柏店村扶持了 3 家蔬菜专业合作社，完成了 9 个果蔬产品的有机食品认证，注册了"柏店二仙"农产品自有品牌。现在，西柏店村的小西瓜、西红柿、食用菊花等有机果蔬供不应求，种菜农户的收益大幅提高，年实现亩产 1000 千克。

在西柏店村 1.2 平方千米的村域面积内，全村 200 多户中有 120 余户从事蔬菜生产，85 户从事养殖业生产，15 户从事二、三产业，外出务工的农民很少。这里的每一位花农都是菊花种植专家，完全实现了"家家有产业、人人有事干"的新农村建设就业规划。

国家和北京市领导多次到西柏店村调研，对其发展模式给予充分肯定。西柏店村诸多荣誉加身，先后被评为首都文明村、首都绿色村庄、全国绿色小康村、全国提高农民素质试点村、中国绿色村庄等。

二、菊花休闲文化影响日重

在发展循环经济的同时，西柏店村形成了独特的菊花生态文化。西柏店村每年都会举办菊花美食节，已经连续举办了多年，游客数量以年均 50% 以上的速度增长，菊花节影响力日益扩大。经过几年的发展，菊花文化节的游客由最初的几千人增加至 2 万多人，吸引了各方人士慕名前来。

2008 年，西柏店开始引进食用菊花新品种，大力发展特色农业，观光休闲、饮食文化产业。之所以引种食用菊花，是因为西柏店人看中了菊花的养生保健作用，菊花可以观赏，可以当茶饮，可以食用。食用菊是一种营养价值极高的保健蔬菜，具有防治高血压、冠心病，延年益寿、抗癌、美容等功效。菊花气味芬芳、绵软爽口，作为入肴佳品，吃法也很多，可用菊花做成"菊花火锅""海蜇菊花""菊花烤鸭"等菜肴，也可做馅制成"菊花饺子""菊花点心"等。另外，菊花作为一种高档蔬菜品种，为当地的村民开辟了一条增收致富之路。在全国，食用菊花的种植面积不超过 2 万亩，并且较多分布在南方，还是以种植鲜切菊花、菊花茶为主。西柏店的食用菊花处于起步阶段，无论是内销还是出口，前景都非常好。食用菊产业良好的经济效益、群众高涨的生产积极性、巨大的市场需求，都为西柏店深化农业产业发展提供了新机遇。西柏店村的食用菊花种植基地，完全施用有机肥，已经获得了国家认可的有机认证。吃菊花、吃时令、吃韵味；吃出了营养、吃出了市场、吃出了农业结构创新，既提高了农民收入，发展了农业经济，美化了农村环境，又把我国的食花文化推上新的台阶。

2017 年，西柏店村被列入 2020 世界休闲大会的分会场，成为休闲农业的新亮点，西柏店的品牌知名度再上了一个台阶。

三、乡村"肾脏"运转良好

在发展生态循环农业的同时，西柏店村建成多项生态保护工程，实现村民入驻绿色小康新村，过上安居乐业的日子。

污水处理系统被称为乡村运转的"肾脏"，而西柏店村的生活污水处理系统则被称为"绿肾"。这是因为该处理系统不仅有清洁污水的功能，还会吸收霾。西柏店村原有的污水处理系统因为运营成本高而名存实亡，针对这一问题，在原有基础上，采用由丹麦引进的生活污水景观化处理技术，结合京郊水质、气候特点及新农村建设加以集成创新，通过芦苇等植物及微生物的协同作用，污水经过湿地底部的过滤层，经由填料过滤、芦苇吸收、自然沉淀后，排出的水达一级 A 类。湿地旁有座水位控制井，打开闸机，湿地内的水位会上升、降落，一上一下之间，把从湿地上方飘过的灰霾全部吸到地面，在植物呼吸、填料过滤等共同作用下，"吐"出来的是清新的空气，既能净化污水，又能净化空气、美化环境。养殖小区的污水处理工程采用应用厌氧消化＋土壤渗滤技术，日处理能力 160 立方米，大大改善了村庄卫生状况，减少了村养殖业对周边水环境的污染，为园区开展观光旅游业打下了良好基础。

如今走在西柏店的柏油道路上，还能看到两侧露出的土地地表，这是为全村实施入户输气和排水管网后留下的痕迹。西柏店村为全村 220 家住户安装气表和气灶。村民用上了廉价清洁的能源，减轻了家庭能源支出，改善了村庄环境，也使西柏店村成为名副其实的生态循环农业村。

村里还建了有机肥厂，利用沼气池的沼渣和生态园区的蔬菜植株残体生产有机肥，实现有机肥还田，提升地力，提升蔬菜品质。生态保护工程的建成和运行，实现了资源和能源的高效循环利用，有效地保护了村庄生态和卫生环境，同时还为村民节省了支出。

从 2013 年北京城乡信息中心将西柏店村定为美丽智慧乡村试点起，经过多年的建设，现在工程已经接近尾声。主要是开展互联网信息建设，全国有十个试点，北京唯独西柏店村一个，包括制作二维码、大棚监控等，六项检测仪器检测二氧化碳、湿度温度，每户一个手机每天收集、发送信息。种植户信息全反映到监控室，从菊花定枝到收获全扫描进信息系统，严格保障了食品安全。

更为可喜的是，西柏店村村民的思想观念、生活方式也发生了根本性变化，大家争当新型农民，过上了现代化生活。村里的环境也由脏、乱、差变得宽敞、整洁、干净、明亮。在深冬岁月里，西柏店村正值菊花盛开的季节，村民们一边欣赏着秀色可餐的菊花美景，一边品尝着益寿延年的菊花盛宴，这成为京东大地上一道亮丽的风景线。

目前，西柏店村正对生态种植园区进行第三次"种植结构调整"，由第二次的"种植精品化"向"种植精品特色化"迈进，拓宽食用菊花产业体系，生产食用菊花速冻水饺，酿制菊花酒、菊花茶，研发菊花制药。

第三节　物联网乡村：周庄的智慧水乡

近年来，伴随着旅游业发展，周庄旅游逐渐迈出了从南往北的拓展脚步，积极探索古镇保护、旅游开发及共建共享的发展路径，于2021年入选"2021年全国千强镇"，2022被重新确认为国家卫生乡镇（县城）。老水乡打造精致古镇，新镇区建设湿地新城，趣田园发展乡村旅游，游客在感受"第一水乡新体验"的同时，共享古镇游与乡村游的双重体验。让人们"看得见山、望得见水"，获得独特的自然野趣。

云谷田园，位于江苏省昆山市周庄镇冷家湾村，距离周庄古镇五分钟车程，是乡伴东方"昆山计划"的四个项目之一。周庄·云谷田园项目以"智慧田园，复兴乡村"为使命，整合项目现有田园资源和市场资源，独创"物联网＋田园"的社区模式，打造集物联网生态中心、乡村文创、创客街区、田园公社、互动体验和田园生活为一体的"物联网＋田园智慧"社区，形成新周庄乡村生活示范区，是将智慧旅游巧妙运用的新型农业主题案例。

云谷田园内的建筑将均为智能型生态建筑，将配备智能服务终端，包括雨水收集系统、中水利用系统、智能滴灌系统、太阳能、空气质量检测与净化、智能采光节能系统、恒温恒湿系统、物业家庭生活服务系统等。区内的植栽将由物联电商提供并进行管理：数据采集、溯源信息、视频观测、自动灌溉系统、农产品电商等。将真正实现通过射频识别、二维码等最新物联网技术与设施，管控乡村生活和农业生产。

这里的主力业态有村民公社、戏台、书院、祠堂、圣甲虫市集＋农园、神宠牧场、云谷文创、原舍、拾房、木作工坊等；它的发展理念为探索特殊区位乡村发展提供新的可能；借力"物联网+"打造乡村发展新动力；实现城乡、功能、新旧的多元融合；充分利用乡村原有资源。

根据规划，这一乡村生活示范区将包含云谷街区、精品民宿、智慧农场、智慧田园及云谷展示馆等智慧型创意业态。2016年5月，集物联网生态中心、乡村文创、创客街区、田园公社、互动体验和田园生活于一体的"物联网+田园智慧"社区将开门迎客。届时，游客们可以在这里享受旅游、购物、餐饮、住宿、种植等别具特色的智慧乡村生活。

项目以全新的方式激活乡村的再生与活化，避免乡村空心化、凋敝破败。例如，在农庄吃饭的同时，扫下二维码，就能了解这些米粒种植的整个过程；在小牧场认养小动物时，通过物联网，可以远程了解其生长过程；在O2O农场，可线上线下预订购买和培育农作物，通过物联网技术对植物进行浇灌、施肥，可看、可控、可玩。用户除了线上有农场游戏般的体验，还可以在城市的家中对动植物进行培育等操作。这也将带动促进周边乡村之间的联动，为乡村建设发展开拓新型道路，为村民家门口致富提供机会。同时，鲜活的乡村生活也将为乡村旅游带来不一样的体验。

为了进一步优化游客的旅游体验，周庄在软硬件"双轮驱动"上，不断提升游客的满意度。硬件上，周庄以休闲体验区域为重点，持续推进"三路""三湾""一园"的规划建设。古镇区范围内，周庄实行"厕所革命"，将在10月前改造桥北停车场和老牌楼3A厕所；公共自行车三期扩容工程，让游客出行更方便。位于康盛旅游综合体的铂尔曼酒店将于今年7月对外营业，橙天嘉禾影城将于今年完成主体建设，云谷田园、富国精品酒店等项目也在有序推进。大项目、大载体的诞生，将为游客带来更舒适的星级居住和消费体验。软件上，对全体旅游从业者推进全员培训，实行全员代言、微笑服务等服务提升工程，以微信公众号为载体，为游客提供语音讲解、在线预订等智慧旅游服务。目前，周庄传感器基地内已有包括双桥传感、科尼电子、韦睿医疗等传感器技术及延伸企业近70家，产品涵盖八大系列数十种传感器产品，传感器企业集聚的优势也为周庄发展物联网产业及智慧水乡提供了技术支撑。最新的物联网成熟技术将在这里交互式应用，并随着应用场景变化、技术提升，演绎出五花八门的新形态。

5G赋能周庄文旅智慧发展。近年来，周庄借助长三角C位的区位优势，将丰富的旅游产品资源转化为产业招商资源，推动周庄产业转型升级。同时，周庄聚焦"5G背景下的旅游产业创新"新课题，加快5G旅游示范区建设。在文旅融合趋势下，以

"文化＋旅游＋科技"为发展理念的智慧文旅在周庄逐渐成形："刷脸"进景区、无接触支付、智慧导览地图、周庄怎么玩·慧游周庄等 5G 赋能的产物已成为周庄旅游的"标配"①。

将来的周庄，将会是拥有田园式智能一网、一中心、一站式社区服务平台的"智慧田园式居所"所在之处。其独创的"物联网＋田园"的社区模式，打造集物联网生态中心、乡村文创、创客街区、田园公社、互动体验和田园生活为一体的"物联网＋田园智慧"社区，形成新周庄乡村生活示范区。

---

① 昆山市文体广旅局 . 5G 赋能周庄文旅 "智慧"发展［EB/OL］.（2021-01-26）［2022-03-09］. http://wglj. suzhou.gov.cn/szwhgdhlyj/gzdt/202101/f23a0fd241b249d5a1c646a9cd494a86.shtml.

Part 7

第七章　市域场景应用：让智慧更充分

第一节　智慧让城市更美好

随着互联网和科学技术的飞速发展，智能技术已经应用到包括旅游业在内的各个领域。2013年1月，中国首次公布了90个国家智慧旅游试点城市，主要分布在环渤海、长三角和珠三角地区，基本形成了东海岸集聚、中西部新兴热点涌出的建设格局。截至2020年年末，全国共有A级旅游景区13332家，比上年末增加930家。其中，5A级旅游景区302家，增加22家。按每家景区2000万元的平均建设投资计算，仅5A级、4A级智能景区的市场规模就达到240亿元。因此，目前分析和探讨我国智慧旅游城市，对促进我国智慧旅游的发展具有重要意义。

一、我国智慧旅游城市建设的基本状况

（一）智慧旅游服务中心逐步健全，但基础辅助设施落后 ①

目前，我国智慧旅游城市进展迅猛，以上海为代表的智慧旅游城市正在布局未来发展。2020年上海市智慧城市发展水平指数为109.77，较2019年提高3.91，七年以来保持持续增长。上海于2020年4月发布了《上海市促进在线新经济发展行动方案（2020~2022年）》，明确提出重点建设生鲜电商零售、无接触配送、在线展览展示等项目。但是在我国智慧旅游城市建设的过程中，往往会忽视基础辅助设施的建设，由于服务中心缺乏基础辅助设施，种种问题逐渐凸显出来，如交通拥堵问题严重、空气质量差、水资源与人口问题突出等，这一系列问题对游客的感知产生了不良的影响。

---

① 张宏祥.中国智慧旅游城市建设的基本状况与国际经验借鉴［J］.对外经贸实务，2018（5）：85-88.

（二）智慧旅游应用软件使用率高，但同质化现象严重

我国智慧旅游城市试点工作目前已经逐步展开。在大数据和其他高新技术的帮助下，去哪儿和驴妈妈等旅游应用软件已逐步进入各试点城市。2020 年以来，从旅行类 App 的每月下载总量来看，出行类旅游 App 占比高达 40%，去哪儿 App Store 总下载量为 720.12 万，马蜂窝 App Store 总下载量为 310.77 万。然而，在追求该地区经济效益的同时，智慧旅游软件的同质化问题不容忽视。很多 OTA 平台都是从查询信息、预订产品、购买门票、便捷支付等方面展开服务的，而对试点景区的旅游介绍功能展示较少。长春、太原等这些开展智慧旅游试点的城市大多通过淘宝、美团、去哪儿、途牛等软件发布信息，但 OTA 平台对旅游目的地的景点介绍较少，介绍水平也很低，仅仅通过传统的文字和图片进行展示，而没有引入更先进的技术，这进一步加剧了智慧旅游软件的同质化。

（三）智慧旅游城市支付方式更加多元化，网络安全保障急需提升

目前，中国智慧旅游城市试点已经实现了多种支付方式的对接。各地的旅游景区都在商业网点推广微信和支付宝刷卡支付，这种支付方式成为主流。然而，我国智慧旅游城市电商平台仍面临着严峻的网络安全问题，主要表现在支付安全和网络欺诈方面。在支付方面，我国智慧旅游城市试点地区电商平台支付渠道对接比较混乱，景区支付渠道引入缺乏第三方支付许可证的软件，导致第三方挪用资金；此外，部分景区采用的电商平台支付系统存在漏洞，资金盗窃现象更为严重。根据腾讯发布的《2017年因特网安全报告》显示，截至 2018 年年初，黑客利用中国多个旅游城市景区电商网站存在的安全漏洞[①]，导致苏州、福建、南通等旅游景点的付款金额被盗窃 40 多万元。在网络欺诈方面，我国部分智慧旅游城市的网络欺诈较为严重。据中国旅游新闻网报道，截至 2016 年年底，犯罪嫌疑人通过"布拉旅行"微信公众号、App 等发布了他们的旅游产品，在明知公司无实际履行能力的情况下，仍以低于成本的价格进行售卖，以负债来维持公司的运转，这对消费者造成了严重的伤害。2021 年 8 月，固原市侦破全省首例利用支付宝建群"抢红包"网络赌博案件。2021 年 2 月，泾源县网安大队民警在工作中发现，嫌疑人金某某伙同他人在支付宝中建群组织人员参与"抢红包"网络赌博，金某某为攫取个人利益，通过网络购买"抢红包"赌博作弊 App，操纵控制赌博结果，获取高额利润，涉案金额达 1100 余万元。网络安全无小事，我国智慧旅游城市支付方式呈多元化发展的同时，还需要进一步提升网络安全保障。

---

① 杨文.肇庆智慧旅游发展现状及影响因素研究［J］.对外经贸，2020（12）：89-91.

二、国外智慧旅游城市建设的经验分析

（一）完善的智慧交通出行体系，大力提高了旅游的经济效益

目前，国外智能旅游城市发展的先进性主要体现在完善的智能交通系统，包括交通管理系统、出行信息服务系统、信息采集与分发系统、应急管理系统等，这方便了游客的出行，也促进了当地的经济发展。例如，在智能交通管理方面，澳大利亚开发了最佳自动自适应交通控制系统，该系统已应用于悉尼及周边主要道路的 2200 多个十字路口和 3500 个交通信号。在该系统的控制下，悉尼大大减少了交通延误和燃油消耗等问题，2017 年的旅游收入比 2016 年增长了 15.2%。此外，澳大利亚商务旅行管理公司通过互联网通信，整合互联网、手机、电视、广播等媒体，实时收集和发布信息。基于网络的广播系统可以根据设定的条件为游客提供完整的交通出行数据，进而提高整体交通流畅性。美国波特兰以其良好的智能公交系统而闻名。访客可以登录 Trimet 系统主界面，点击公交地图，使用车站 ID 或确定的车次号查询车辆信息；系统还可以提供免费乘车区，并提供以起点、终点为查询地点的公交换乘和运营计划。据波特兰相关报道，在智慧旅游城市建设中，该市加大了智慧旅游巴士的建设，为游客出行提供了便捷的工具，进一步提高了当地旅游的经济效益。

（二）智慧旅游酒店解决方案较为完备，大幅提升游客的入驻体验

国外完善的解决方案可以极大地提高游客的入住体验，优化酒店管理流程和工作效率，显著提高酒店的综合竞争力。例如，IBM 向酒店客户提交了四个创新解决方案：集中管理机房、桌面云、自助值机和退房、无线值机和融合网络。该计划针对酒店行业的具体需求，从运营维护、管理、客户服务到客户体验，提供全方位的战略咨询、设计和集成服务。该方案的提出为美国智能旅游酒店的信息化建设提出了新的标准。目前，它已被应用于美国的酒店业，并产生了巨大的经济效益。此外，美国路创电子公司还整合了酒店管理系统和照明组合方案，通过无线控制、室内恒温器和电动窗帘解决方案的结合，利用占空信息确定客人是否在房间内，从而控制照明设施，该方案还可应用于酒店走廊、物流等区域的照明管理，实现照明随人体移动的相应调节。

（三）拥有发达的智慧旅游软件系统，促进当地旅游市场的发展

国外很多城市开发了智能旅游软件系统，不仅为游客提供了便利，也促进了当地旅游市场的发展。例如，澳大利亚阿德莱德已经建立了一个街景地图操作指南软件系统。该系统的主页分为电子地图和实景视图两部分。其中，当前街景图像的位置就是标记图标在电子地图中的位置。游客只要下载该软件并拖动电子地图图标，就可以在

任何位置查看街景地图，这为游客带来了极大的便利。韩国还为自助游客户推出了"I TOUR SEOUL"智能软件系统。该软件基于智能手机平台设置，可为游客提供自动定位导航，以及旅游目的地游客人数、当地实时天气等信息查询服务，并指导游客规划下一次旅游行程。该系统上线以来，有效地促进了韩国当地旅游市场的发展。此外，英国和德国公司在欧盟的支持下联合开发了智能导游网络系统。该系统基于增强现实（AR）技术，通过声音、光线和图像的整合，让游客"亲身"体验被遗忘的历史时间。游客只需将相机对准现有的古迹，手机中的定位功能和图形识别软件就可以确定古迹的位置，从而展示古迹全盛时期的面貌，这不仅增加了游客的体验感，同时也极大地促进了当地旅游市场的发展。

（四）具有完善的智慧旅游服务应用项目，旅游业发展规模不断扩大

现阶段，国外一些智慧旅游城市通过设立更便捷的服务项目，扩大了国内旅游发展规模。新加坡在这方面做得比较好。具体内容主要包括以下三个方面。

第一，提供一站式注册服务。为了避免烦琐的商务人员注册程序，新加坡在智能旅游设备中采用了生物识别技术，并在商务会议的旅游项目中得到了广泛应用。

第二，建立智能化数字服务体系。新加坡的一些旅游机构致力于提高游客在智慧旅游城市的体验，并引入智能数字服务系统，游客可以通过大数据、手机、社交工具等渠道获取商品购买、景观游览等旅游服务的信息。

第三，构建互动式智能营销平台，为客户提供更专业的个性化服务。例如，在目前的"我行由我，新加坡"平台上，游客可以根据个人喜好和实际需求定制个性化的新加坡旅游行程。同时，游客还可以通过电子邮件订阅新加坡的最新发展信息和即将举行的大型活动。随着智慧旅游城市服务项目的不断升级，新加坡旅游业的发展规模进一步扩大。

三、完善中国智慧旅游城市建设的相关途径

（一）构建智慧旅游智能化信息服务平台，提高游客便利性

在建设智慧旅游城市的过程中，我国应将当前先进的智能技术与互联网技术有效结合，构建智慧旅游信息服务平台，提高旅游者的便利性。具体而言，相关部门应在现有三维网络平台和移动Wap互联网站的基础上，推出配套的智能技术，通过网站信息与智能技术的有效融合，为游客带来便捷的旅游体验。同时，相关部门还应通过现代信息采集手段，对游客旅游基础数据进行整理，对城市景区信息、酒店信息等零散信息进行规范化，并统一发送至智慧旅游信息服务数据库。在信息服务平台上，接入

当地气象部门的数据链，打造集游前、游中、游后服务于一体的智能旅游信息服务平台，让游客的旅游更加便捷、智能。

（二）建立协作统一的安全管理体系，提高智慧旅游安全性

针对我国智慧旅游安全现状，我国应通过建立统一的安全管理体系来提高智慧旅游的安全性。相关职能部门应根据各部门的职能，通过大数据的收集、监管、筛选和分析，建立协同统一的智慧旅游管理系统。在这个体系下，应该根据每个部门的不同职能划分不同的职能领域，然后有序地解决相关问题，从而实现智慧旅游各环节管理功能的有效对接，提高城市智慧旅游安全管理的整体水平。同时，相关部门要深化旅游数据和游客旅游信息的应用程度，增加游客入境检查流程，实施游客身份认证管理，确保智慧旅游安全。此外，还应为游客提供智能旅游景区的电子地图或手绘地图，为游客参与智能旅游提供交通引导服务，避免旅游过程中因路况不熟悉而引发的诸多安全问题，进一步提高智能旅游的安全水平。

（三）聚焦城市特色，实施智慧旅游层次化发展战略

目前，我国智慧旅游城市建设水平不均衡，不利于智慧旅游城市的建设。因此，应着眼于城市特色，实施智慧旅游分层发展战略，提高当地旅游服务水平。首先，各城市相关部门应根据当地旅游发展特点，选择符合当地文化的智慧旅游项目。其次，将项目作为当地智慧旅游建设的主要工作，根据国家相关要求，因地制宜地对项目周边区域进行设计，结合中国特色，建造融合了地域文化的中国特色旅游景观。最后，根据各地区智慧旅游发展情况，建立国家智慧旅游示范城市，在示范城市的指导下，积极推进其他地区智慧旅游项目建设，为游客带来优质服务体验。例如，陕西省提出了"三带融合"的旅游新理念，促进了当地自然景观的相互融合，实现了长江旅游带与中华文明旅游带的互动，给游客带来终极感官体验。

（四）推行智慧旅游基本关键技术，完善智慧旅游城市基础设施

受区域基础设施条件的限制，我国智慧旅游的配套基础设施相对不完善，甚至移动信号也无法覆盖所有景区。因此，中国应该推广智慧旅游相关的基础关键技术，完善智慧旅游城市的基础设施。一方面，中国政府应出台相关扶持政策，大力推进智慧旅游基础设施建设，鼓励智慧旅游企业大力采用新的通信技术，完善智慧旅游关键技术体系。例如，政府可以鼓励电信运营商在智慧旅游建设中开展 3D 移动旅游信息服务，提高智慧旅游区的信息服务能力。另一方面，我国应以智慧旅游建设项目为基础，在重点地区建设喷淋系统、冲洗平台等新的环保设施。实现洒水降尘、文明施工。此外，推进配置符合像素要求的智能旅游实时监控系统，升级智能旅游音视频技术，进

一步完善我国智慧旅游城市基础设施。

（五）创新智慧旅游应用软件，提升智慧旅游城市竞争力

为了顺应新一代软件的发展和改革趋势，我国应借鉴国外经验，创新智慧旅游应用软件，提升智慧旅游城市的竞争力。一是要根据区域智能旅游产业的需要，明确应用软件所要覆盖的功能，为软件开发打下良好的基础。二是突破基础技术，利用计算机框架技术、计算机引擎技术、大数据等关键技术，重点研究开发智慧旅游领域的关键软件产品及相应解决方案。三是结合计算机视听感知、智能决策与控制、新兴的人机交互、自然语言解读和安全云存储服务等人工智能技术，开发一款新的智能旅游应用软件。此外，在新的智能旅游应用软件中，我们可以借鉴国外经验，加入主动防御技术，实施身份识别、个人信息保护等信息保护的核心技术，开发智慧旅游软件的核心功能，提高自己的竞争优势。

智慧旅游的未来前景是美好的，特别是对于一些旅游资源丰富、已被挖掘利用、需要通过技术改造升级来发展的旅游区来说，智慧旅游是一张可以握在手里的牌。然而，只有当城市部件布置完善时，才有可能掀起"万物相连"的浪潮。目前，智慧旅游尚处于起步阶段，基础设施尚未建设完善。"智慧"是基于数据的，没有数据，就无法用数据挖掘出一条智慧之路。同时，设备还需要后期维护，否则将成为"一次性工程"。在不远的将来，安防、医疗、食住等方面需要用数据真正联通起来，让各个行业都能享受到智慧旅游发展的硕果。

第二节　北京旅游监管平台

北京市旅游公共信息咨询平台的建设目标是通过旅游服务平台的建设提供三项服务——服务好游客、服务好主管单位、服务好企业。从而提高旅游业务的整体运营能力，创造优质的旅游生态环境，提高旅游服务质量，进而促进区域旅游经济快速健康发展。

一、总体架构

从系统架构的物理层面上看，对旅游服务平台的综合平台进行了严格的分层设计和构建。每一层侧重于整体功能的一个方面，标准接口或协议用于层间的数据交换或通信。从框架结构来看，旅游服务平台建设包括以下五个层面。

（一）数据采集层

主要由用户操作终端、物联网设备和旅游信息输入设备组成，为旅游展示、业务交易和综合系统研究、判断和处理提供数据源。

（二）网络通信层

负责前端设备与系统服务器之间的传输和通信。

（三）数据分析处理层

将信息数据存储为综合数据库，同时对各种综合数据进行分析处理，形成有价值的参考信息。

（四）信息展现层

作为信息数据的表达和管理形式，为用户提供了一个使用的平台。

（五）业务应用层

为个人、企业和政府等不同用户提供针对化的业务功能。这里主要是政务、商务等四大平台及其附属系统和相关模块。

二、建设内容

旅游服务平台综合规划建设主要围绕四大平台进行方案建设：智慧旅游政务管理平台、智慧商务应用平台、综合运营服务平台和旅游资源信息平台（中心数据库）。

（一）智慧旅游政务管理平台建设

智慧旅游政务管理平台是一个完善的公共服务体系。智慧旅游公共服务体系是以智慧城市公共基础设施为基础，以各级旅游配送中心为枢纽，以旅游云平台为信息中心的全方位旅游服务，并以智能旅游技术产品应用为媒介，为游客提供导航、导游和导购等服务。全程服务覆盖游客在旅游前、旅游中、旅游后的全过程，提升旅游整体体验。

旅游服务平台政务管理平台包含智慧旅游公共服务系统、旅游行业管理系统、旅游资源管理系统、市场推广营销系统、多语种公共服务呼叫中心系统、办公自动化系统。北京智慧旅游政务管理平台主要包含以下几个模块。

1. 信息分享模块

该系统可以集中发布景区最新的动态信息，如通知、法规、新闻、人员预约、会议日程等，使所有员工都能快速了解景区动态，缩短景区组织与员工之间的距离，增强员工的归属感。

根据不同职能部门和业务部门工作内容的不同性质，可以为每个部门设计有针对性的部门内信息门户。同时，可以增强上游和下游部门之间的信息交换程度，从而打破组织内部的信息壁垒，增强部门之间的信息沟通和理解。

2. 工作流程模块

对于景区内部与外部的连接和沟通流程，应实施电子化办公，以消除纸面管理系统对不同员工有不同理解的现象，按照景区制定的各项规章制度落实各项工作，建立电子化运行、标准化运行体系。

由于文本规章制度的模糊性，对该系统的理解需要持续的内部培训和消化才能真正掌握。通过流程管理解决方案，对文本制度进行流程化和表单化，并直接清晰地告知员工如何申请、如何跟踪、如何批准以及如何进行统计；此外，根据不同的职位和权限，流程平台可以根据需求自动将其直接推送给相应的审批人，从而加快审批速度，提高对权限的理解。

3. 资料文件归档模块

每个景区的数据、知识和文件通常存储在特定部门或特定人员手中。通过管理模块，可以建立统一的知识库，收集各部门、岗位和人员的工作数据和知识，并充分共享和使用。因此，我们需要根据知识类型进行分类。

知识管理的最大困难是有效积累知识。知识管理解决方案能够帮助景区在日常业务工作和交流中自动积累知识，包括手动建立单个知识文档，在日常流程操作中自动积累，内部沟通与合作过程中的自动积累调度过程中形成的知识文档的积累，内部和外部电子邮件通信的自动积累，系统文件交换的知识积累，以及隐性知识的转化积累。系统会根据部门、岗位、人员上下级、角色等多种情况，通过设置的权限范围自动推送到用户桌面。

（二）智慧商务应用平台建设

智能商务应用平台是以旅游资源信息平台为基础，构建电子商务系统、企业用户服务系统和旅游企业综合信息集成系统。

其中，游客智慧服务系统包含多媒体旅游产品展示平台、个性化行程实时在线定制系统、服务实时智能调拨与协同系统、动态散客拼团系统、实时交互全球免费咨询交流平台、多语种分布式呼叫中心游客服务系统、旅游产品单项预订系统、交通票务单项预订系统、景区票务单项预订系统、服务商合作商管理系统、多媒介旅游数字营销集成系统；企业用户服务系统包含多媒体会展产品营销平台、会展奖励旅游智能策划系统、会展奖励旅游服务实时交互预订系统、实时交互全球免费咨询交流平台客户账户管理系统；旅游企业服务链综合集成系统包含旅行社企业（含旅游线路智能设计系统、计调管理系统等管理系统）、景区（含资讯展示与交互咨询服务系统、电子门票门禁系统、无线景区管理系统）、餐饮企业（含交互式咨询服务平台、订单管理模块）、购物店（含交互式咨询服务平台、财务结算模块、商家信息及商品管理）、交通代理商/服务商（含交互式咨询服务平台、财务结算模块商家及票务信息管理）。

电子商务系统的建设和经营实体的建立，为国内外游客打造出云上旅游商城。该平台以乡镇旅游资源数据库接口为基础，整合了当地各类食品、住房、交通、娱乐、旅游和购物旅游服务提供商及其产品和服务。通过统一的旅游品牌，为游客提供旅游产品/服务的多媒体营销展示、互动咨询、实时预订、个性化旅游定制等服务。

通过企业用户服务系统的建设，以镇内会展旅游资源的基础数据库接口为基础，整合区域内场馆、酒店、会展设备等供应商的信息和服务项目，打造一站式的会展活动，为会展客户提供策划、安排、实时预订和在线结算等一条龙服务。

通过旅游企业综合信息集成系统的建设，为城镇各类旅游企业服务，包括食品、住房、交通、娱乐、旅游、购物等企业。通过数据共享、业务协同等一体化服务链运行机制，大幅提高旅游企业的劳动效率，避免单线重复劳动，节约成本，提高了服务质量，创造出更多的价值，实现服务链共赢！作为旅游服务平台服务供应链的单个节点，每个旅游企业都可以享受到创新技术和颠覆性运营模式带给他们的前所未有的智能化、实时化、自动化和集成化运营机制。

（三）综合运营服务平台建设

综合运营服务平台包括监控调度指挥系统（包括监管调度指挥系统、旅游场所/设施视频监控系统、GPS车船监控系统等）、平台运营维护系统（包括系统网络安全管理模块、系统用户和权限管理模块等），实现对各旅游景点的实时集中监控和应急处理系统。在紧急情况下，系统能快速协调区域内各职能部门，统一调度人力和物力等各种资源，集中指挥，高效、经济地完成任务。

1. 旅游综合调度系统

旅游综合调度系统主要针对用户所需的旅游视频安全监控管理、旅游综合呼叫管理、智能公交站牌管理等进行综合管理。完全满足管理层要求的安全监管、应急综合调度和交通调度的需要。同时，该系统可以为游客提供旅游安全保障、信息查询、公交站牌信息，以及为旅游车辆科学分流带来便利，极大地提高了游客的旅游体验。

2. 景区综合管理系统

从管理部门的实际业务来看，景区综合管理系统主要涉及车船调度系统、景区停车场、森林防火等数据，将电子信息技术、计算机技术、图像技术等先进科学技术应用于智能旅游，通过计算机网络和通信网络将各功能独立的子系统有机地结合起来，实现信息共享，便于统一指挥调度，形成高效的智能指挥管理系统。

3. 安全预警分析子系统

安全预警分析系统主要对景区内的客流和交通流进行监测和预警。通过线上线下售票数量、景区出入闸机人数、监控摄像头采集到的人像、手机数量或 GPS 定位信息等，可以掌握景区各区域的总人数，从而提前判断和疏导人口密集区，为游客提供安全舒适的出行体验。

4. 旅游时空分流子系统

近十年来，景区接待的游客数量呈快速增长趋势。同时，部分景区过于集中，部分景区在低负荷运行下处于弱负荷状态。在旅游高峰期，大部分游客集中在一定的时间段内，这在短时间内给景区形成了很大的压力和影响，游客在空间和时间上分布不均。旅游时空分流系统广泛收集游客数据，通过数据挖掘和分析构建数学模型，为景区实现游客分流、宣传和营销提供科学的数据支持，对景区客流进行预测和预警，并进行时空分流，避免景区拥堵。

根据检测系统记录的游客行为，对游客行为规律进行统计分析，建立游客行为预测模型。在游客行为预测模型的基础上，利用仿真等技术手段建立了游客行为仿真平台，并根据设计的分流调度方案验证了分流效果。根据建立的时空分流导航模型和算法，发布景区智能调度信息，实现景区游客分流和车辆调度的自动化、智能化。

5. 平台运营维护系统

建立统一有效的病毒防御体系，实时更新病毒数据库。它具有服务器端入侵检测、数据文件加密、网络访问控制、互联网出口安全审计等功能。每个系统用户都有一个角色和权限分配。通过个人身份认证系统的用户严格按照权限设置操作系统。系统数据备份并存储在不同的介质中，具有有效的数据恢复机制、严格的系统运行日志跟踪机制、系统异常报警和系统运行监控管理机制。

（四）旅游资源信息平台（中心数据库）建设

通过旅游资源库和旅游数据分析系统，为政府和旅游相关企业的智能决策和产业方向引导奠定了数据基础，提高了政府对旅游者的服务体验。通过旅游生态系统建设，实现智慧旅游的规划、投资、建设和运营，实现旅游发展。

旅游资源基础数据库是旅游大数据分析系统的基础。通过信息资源系统规划和资源交流平台，我们可以获取更多的旅游资源基础信息，建立旅游资源基础数据库，包括各种旅游主题分析数据库，并根据实际需要进行扩展。

旅游数据分析系统可以为全球旅游平台运营商提供一个有监督、全面的监督管理环境，以及一个可控的分销商管理环境。能够准确、实时、有效地实现景区对经销商的数据监控、分析、汇总等环节。拥有安全高速的云计算平台，为景区提供一系列分析报告，辅助景区决策，提高效率，促进区域旅游经济发展。

通过该系统，主管部门可以通过海量旅游数据挖掘更深层次的趋势和意义，从而指导领导决策，使决策更加科学有效。旅游相关企业可以通过营销数据分析和游客行为分析，了解游客的真实需求，从而节约成本，将资源投入到游客需要的地方，为游客带来便利，同时创造经济效益。

旅游数据分析系统主要由旅游决策分析系统、旅游营销管理与游客分析系统等组成。旅游决策分析系统的基础需要大量的旅游资源基础数据。通过对不同主题旅游数据的分类和专题分析，可以了解旅游业的发展现状和发展趋势，进而为当地旅游政策和旅游发展方向提供指导。旅游营销管理与游客分析系统可以根据以往的营销数据和游客行为数据，了解营销收入比例、渠道分析和游客购买行为，从而使旅游相关企业更准确地投入营销资金。

例如，在未来的一段时间里，每天会有多少游客预订？通过预订表，可以直观看出未来预订游客的数量，为景区提供参考数据，提前做好准备。游客的年龄、性别和地区比例分别是多少？这一统计结果可以通过游客的身份证号获得，然后进行定向营销。经销商带来的游客属于哪个区？通过身份证和手机号码，我们可以准确地计算出负责某一地区的经销商是否争夺了其他地区的游客。同时，系统可以进行广告效果分析。例如，将一种或多种媒体投放到某个区域，可以通过计算进入景区的游客数量来分析广告效果。此外，系统还可以辅助决策。通过一段时间的数据分析，我们可以总结和积累经验，进行有效的市场开发。

通过系统的运行，解决了旅游主管部门精细化管理的需求，旅游管理部门掌握了大量的管理数据，运用大数据分析技术开展数据驱动的社会管理，通过政府各项职能的标准化、数字化，实现了社会管理由粗放向精细的转变。

第三节 西安"大数据"智慧营销

随着互联网的普及，人们上网产生的数据正在日益积累。大数据时代已经到来，相应的精准营销也成为可能。在营销量化趋势、游客个性化需求、消费合理化、人际沟通效果增强的今天，精准营销日益成为旅游业需要关注和探索的营销模式。本书下面以大数据时代为背景，探讨旅游业的发展，介绍精准营销的概念，分析大数据时代旅游业面临的困难和挑战，并对大数据背景下旅游业实施精准营销提出了一些建议。

"大数据"对旅游业的影响是全方位的，是整个行业管理决策模式的转变。通过数据分析，旅游经营者可以清楚地了解旅游业的热点、淡季、旺季和不同季节的规律变化以及游客的兴趣，并在此基础上进行有针对性的旅游营销，这将极大地促进旅游业的发展。面对纷繁复杂的旅游数据，如何挖掘数据、有效利用数据进行决策并转化成收益是首先要解决的问题。

历史上，西安是世界上第一个拥有 100 多万人口的大都市，也是中国古代国际化程度最高、对外开放程度最高的大都市。今天的西安有它独特的魅力。旅游业的蓬勃发展和营销宣传的不断创新，使这座既有传统又有时尚的城市以更包容、更开放的态度欢迎世界各地的游客。作为致力于建设世界级旅游目的地城市的城市，西安旅游业深厚的历史文化特色和良好的景观生态，一直是西安的比较优势和发展重点，也是西安国际大都市发展的重要动力。

近年来，西安智慧旅游的发展取得了一定的成绩。2017 年，市旅游局加快智慧旅游发展，先后举办了西安旅游大数据专家座谈会、西安高 A 级景区智慧旅游座谈会，启动了西安大数据小镇项目，加快西安智慧旅游建设。然而，与国内其他省市相比，陕西省智能旅游发展起步较晚，智能景区建设仅停留在"拿出手机、扫描二维码、移动支付"阶段。2022 年，西安运用电子票务管理系统技术和人工智能技术，根据游客的网络搜索和浏览偏好，主动识别游客特征，为游客推送有价值的旅游信息，加强与游客的在线交流。根据游客提出的个性化需求，发送相关旅游信息和温馨提醒，突出了服务的人性化。西安景区票务后台管理系统的应用和建设对西安智慧旅游的发展和对丝绸之路沿线城市、西北区域城市乃至全国各地的智慧旅游建设发展都具有借鉴意义。

智慧旅游通过旅游业监控和应急指挥调度系统平台，构建覆盖整个旅游业的产业运行监控系统，通过监管调度等多种功能，为旅游业突发事件和应急救援提供指挥调度、监测预警、应急指挥和信息发布。大数据是西安旅游业大发展的金钥匙，做大做强旅游业，必须重视大数据建设，用好大数据，用大数据做智慧旅游，推进供给侧结构性改革，增加有效供给、中高端供给和差异化供给，真正实现旅游业智慧化。

在大数据和云计算的技术支持下，旅游目的地政府可以整合公安、交通、环保、资源、航空、气象等相关方面的旅游数据。同时，也可以与百度等在线搜索引擎和旅游 OTA 合作，建立整合社会数据和旅游数据的大数据资源，推进旅游数字化管理，开展数字营销，极大提高了政府智能旅游管理和服务能力。

从整个旅游产业链来看，利用旅游大数据挖掘为景区、旅游企业和旅游酒店提供产业指导，将有助于旅游目的地实现产业链的结构调整和产业生态优化，实现旅游资源共建共享。

归根结底，市场竞争的核心围绕着两点：质量和价格。对于旅游业来说，同样的景区，谁能给顾客提供更低的价格和更好的体验，谁就能在竞争中占据主动。美国著名营销大师菲利普·科特勒于2005年首次提出精准营销的概念："精准营销是指企业需要更准确、更可衡量、更高回报的投资营销传播，需要制订更加注重结果和行动的营销传播计划，并越来越重视对直接销售沟通的投资。"精准营销的前提是网络通路和巨大的数据资源。由于消费者与互联网的密切联系，营销人员可以提取目标人群的相应数据进行筛选和分析，并就消费者的偏好、市场竞争对手的策略和条件、客运成本等得出一些具体结论，并有针对性地进行营销。

通过大数据，我们可以从游客和潜在游客的角度分析游客的旅游兴趣、偏好和消费水平，全面展示西安游客的肖像，并利用大数据为旅游宣传和营销提供解决方案。西安通过与腾讯、携程、抖音等知名互联网公司进行密切的大数据合作，旅游业的发展逐步实现了基于大数据的精准营销，拥有了广阔的营销平台，成为一座具有高热度的"网红城市"。

同时，西安大数据城的建设为旅游营销提供了充分的条件。西安大数据城出台了一系列促进大数据产业发展的措施，如大企业总部入驻大数据城优惠政策、中小企业入驻大数据城优惠政策，以及大数据城创客空间建设的优惠政策。通过建设大数据城，整合大数据信息中心的力量，在技术、应用和机制上寻求突破，将有助于加快西安大数据产业集聚，促进西安大数据产业发展。大数据城不仅可以服务于旅游业，还可以服务于其他产业，实现产业融合发展。

此外，西安积极寻求与国内省市和OTA大型数据库共享合作，数据交流，取长补短，实现共赢发展。为创新旅游宣传营销，提升西安旅游吸引力，西安还与携程集团在首届"世界文化旅游大会"期间联合举办了"2018世界文化旅游大会峰会"等四大系列活动；同时，大力开展"航空＋旅游"和"高铁＋旅游"的营销推广，联合在广东省惠州市举办惠州始发航线及旅游产品推介会；结合曲江新区，在北京、太原、郑州、石家庄、银川、成都等十多个高铁沿线旅游城市举办了"夏爽中国·嗨西安""秋染中国·赏西安"主题产品推介会和路演。

Part 8

第八章　省域场景应用：让游玩更畅快

随着我国旅游业经济迅速增长，相关产业也已经逐步完善，旅游业在国民经济发展中占据了越来越重要的地位。而旅游业是个十分依赖信息资源与信息技术的产业，自 2015 年国家旅游局提出智慧旅游以来，全国开始逐步构建智慧旅游发展系统，如建立智慧管理体系、智慧旅游宣传体系、智慧运营体系等，为智慧旅游的发展奠定了坚实的基础。

在政策的支持下，全国各旅游目的地开展了智慧旅游规划与建设。现很多地方已建设了一批相应的技术平台，在各种技术设备铺设完成后，却因人才短缺、运营能力不足等客观条件的限制，没能让智慧旅游项目真正落地、起到优化产业的作用。如今各地为响应政府号召与市场导向，亟须引入更为专业化的运营体系，打通落地运营环节，以形成高效运作的智慧旅游闭环体系。

在人类文明的演进史中，人类文明的每一次巨大进步都离不开科技的发展[1]。历史经验表明，科技促进了文化的产生和传播，反过来，文化再一次促进科技创新，人类文明的进步就是在这样螺旋式的发展中产生的。21 世纪，文化与科技得到了前所未有的融合。在微观层面，新的社交媒体和新的产品不断涌现，对传统的生产方式提出挑战，VR、XR、AR、自媒体、全息投影等让人们眼花缭乱；在宏观层面，我国通过让科技和文化深度融合的方式来提高我国文化软实力[2]。就我国而言，科技的应用已经进入国家顶层设计层面，成为我国社会主义文化繁荣的一大战略。

---

① 蔡武进．我国文化治理的理论意涵及现实经验［J］．文化软实力研究，2019，4（5）：46-56.
② 李凤亮，宗祖盼．文化与科技融合创新：模式与类型［J］．山东大学学报（哲学社会科学版），2016（1）：34-42.

第一节　腾讯旅游智慧平台"一部手机游云南"

一、项目背景

为深入贯彻落实数字中国战略和国务院提出的"互联网+"决策部署，积极探索"互联网+旅游"实践，持续推动旅游产业与数字经济融合发展。2017年，针对旅游市场存在的乱象和智慧旅游升级的需要，云南省推出"整治乱象、智慧旅游、品质提升"旅游革命三部曲，在全国率先推出"一部手机游云南"智慧平台，通过重新整合旅游资源和旅游产品，重新构建诚信和投诉体系，重新构建旅游市场规则和秩序，重新塑造旅游品牌和正面形象，全面提升"云南旅游"品牌核心竞争力。2021年云南省继续推进旅游革命三部曲，推出"30天无理由退货"的措施、整治西双版纳持证导游非暴力强迫游客交易的行业乱象，着力提升国际化、高端化、特色化、智慧化水平，建设旅游大数据中心，建立智慧旅游标准体系和统计体系，巩固"一部手机"系列产品单项冠军地位，实施4A级以上旅游景区和特色小镇智慧化改造，擦亮云南旅游的"金字招牌"。

二、平台建设情况

"一部手机游云南"由"一中心两平台"（旅游大数据中心、旅游综合管理平台、旅游综合服务平台）组成。通过强化信息资源共建共享，不断提升文化和旅游行业数据采集、管理、分析、发布能力，形成跨不同行业、不同区域、不同部门、多级层次、多种类型的文化和旅游信息资源集成、开放与共享应用体系，为"一部手机游云南"持续提供信息资源支撑与保障。按照"游客旅游体验自由自在"的目标，综合服务平台采用了物联网、云计算、大数据、人工智能、人脸识别等多项核心技术，围绕文旅资源、旅游产品、导览导游、公共服务、诚信评价、投诉处置、在线购物等功能，整合旅游产品，提高精准服务的能力。按照"政府管理服务无处不在"目标，管理平台通过建立涉旅企业诚信评价、投诉处置、"30天无理由退货"、预约入园等机制，实现公共服务、行业监管、诚信评价、综合执法的闭环运行。

（一）综合服务平台全链条提供在线旅游服务

按照"游客旅游体验自由自在"的目标，对旅游产业链的服务与产品资源进行有效的串联和整合，全链条提供本地化精准服务，不断提高对游客体验的智慧化综合服务能力。

1. 资讯服务

通过目的地名片、直播、游玩攻略等功能，展现云南各地、各景区旅游资源和玩法，向游客提供最全面、最权威的云南旅游资讯，让游客"足不出户，尽览云南美景"。汇总发布了全省16个州（市）、129个县（市、区）1分钟城市宣传片和城市名片，以及682家景区、博物馆名片，游客可以全方位了解每个旅游目的地的门票、交通、周边住宿、特色饮食、营业时间等基本信息，游客可查看游玩攻略，了解当地特色的民风民俗、特色美食及"网红"打卡点推荐等内容。

2. 预订服务

为游客提供住宿、门票、租车等传统在线预订服务。提供在线定制行程服务，游客可根据出行时间、预算、兴趣爱好、出游方式等在线定制个性化行程，并可查询旅行社、导游基本信息和涉旅企业诚信指数，查看景区最大承载量和实时流量。

3. 预约入园服务

云南大部分 A 级旅游景区已在"游云南"上开通景区线上预约服务，未来还将实现 A 级旅游景区线上预约入园全覆盖，引导游客"能约尽约"。

4. 导游导览功能

游客可以边游览边听讲解，遇到不熟悉的花草也可以顺手拍下，使用 AI 智能进行识别，让游客"随心所欲"[1]。同时，基础数据采集和景区手绘地图也已在多数景区被应用，根据游客所处位置提供实时位置、服务设施和导游导览服务。此外，每个景点还配有不同类型的语音讲解，游客可以根据需要自由选择。开展景区"一景一码"铺设，提供扫码识景和指引服务，识花识草目前已经覆盖了云南6000种以上植物[2]。

5. 便捷入园

入园时，游客可以使用多种方式便捷入园，如刷脸入园、扫码入园、小程序入园等，极大地减少了游客排队入园的等待时间。2019年7月20日，云南玉龙雪山景区开具全国第一张区块链电子冠名发票，实现了区块链电子发票在国内旅游行业的首个落

---

① 毕芃，段芃."旅游革命三部曲"一组数据看云南智慧旅游如何更好服务游客［N/OL].云南网，2021-02-01［2022-02-13］. https://baijiahao.baidu.com/s?id=1690490406918830434&wfr=spider&for=pc.

② 张勇.一部手机引发的智慧旅游风暴［N/OL］.光明日报，2019-10-04［2022-02-13］.https://baijiahao.baidu.com/s?id=1646447209181804872&wfr=spider&for=pc.

地应用。目前，云南全省共有 117 家旅游景区实现开具区块链电子冠名发票[①]。2020 年 5 月起，"游云南"App 推出景区门票预约服务。目前，全省 225 家旅游景区开通了分时预约功能，113 家 4A 级以上旅游景区中，有 108 家旅游景区开通了分时预约功能。数据显示，截至 2020 年 11 月中旬，共有 1222 万人通过团队预约和电子行程单实现免费入园。

6. 智慧厕所和智慧停车场服务

游客可在线查询厕所、停车场位置的导航图和现场照片。游客可以通过"游云南"App 的找厕所、找停车场功能，准确找到周围的厕所、停车场。目前，平台已经接入超过 3 万座厕所和 941 个景区停车场信息，其中包含 1081 座智慧厕所。系统可显示厕所人流量和拥挤度，部分可显示坑位占用、温度、湿度、气味等情况。高海拔地区部分智慧厕所实现了游客如厕超过 20 分钟管理提醒功能，保证游客如厕过程中发生意外能及时得到救助，为游客的安全提供了保障。截至 2021 年 1 月 27 日，共接入 49822 个洗手池点位信息助力疫情防控。游客打开"游云南"App，可以在"游玩助手"下的"全部服务"栏目中找到"洗手台"功能入口，缩放、移动地图都能查询区域内附近洗手台信息。"洗手台"页面还可以查询是否配备洗手液、消毒液、抽纸机等。

7. 智慧交通出行服务

按照"租得方便、开得安全、用得实惠"的服务目标，向游客全程提供在线选车租车、价格低于市场价、免除异地还车费用等便捷实惠的租车服务。截至 2019 年，已上线 156 种租用车型，线下服务门店覆盖全省 13 个州（市）、60 个取还车网点。同时还上线 162 个充电站和 1026 个充电桩点位信息，为新能源车续航提供服务保障。同时提供高速公路 ETC（云通卡）充值和高速公路实时路况，实现全省汽车客票联网线上销售，共覆盖全省 14 个州市 130 余个客运站点、2500 余条客运线路。

（二）建设综合管理平台重构旅游监管体系

按照"政府管理服务无处不在"的目标，着力构建系统、高效的监管体系。2020 年 4 月，"一部手机管旅游"App 上线试运行，整合了旅游投诉、游客退货、旅行社导游管理、团队预约管理等功能。

1. 构建全域旅游投诉体系

按照"一键投诉、及时响应、联动处置、实时反馈"的要求，构建了全省"1 + 16 + 129 + X"（省、州市、县、涉旅商家）的全域旅游投诉受理和处置机制，极大地简

---

① 刘子语，杨峥，刘子语.10 个关键词看云南"旅游革命"促产业转型升级——数字：让景区变得"聪明"［N/OL］.云南日报，2020–01–03［2022–02–13］. https://yndaily.yunnan.cn/html/2020/01/03/content_1319580.htm?div=-1.

化了投诉的程序，降低了受理投诉的门槛，规范投诉处置流程，落实被投诉者的主体责任，重塑了投诉处置机制。渠道便捷，为游客提供在线投诉、语音投诉和电话投诉三种投诉渠道。过程公开，游客可以通过平台实时查看投诉处理进度，处理完成平台会反馈处理结果给游客。处置高效，按照24小时办结的要求，投诉件直达被投诉企业，省、州（市）、县（区）三级指挥中心及相关行政部门同时知晓，县区级指挥中心靠前指挥协调，确保做到件件有落实，确保24小时投诉办结率达95%以上。截至2020年底，全省99%的投诉24小时办结，平均办理时长在3小时7分钟，已经成为全国处理旅游投诉问题最快的平台。

2. 探索建立旅游行业诚信评价体系

按照统一的工作标准和要求，构建由政府部门、行业协会（或专业机构）、游客共同参与的诚信评价体系，对酒店、餐馆、旅行社、旅游汽车公司、旅游景区、涉旅经营户6个业态的涉旅企业开展定期诚信评价，形成诚信指数（包括规范指数、品质指数、体验指数）[①]。规范指数由政府有关管理部门对旅游企业的经营行为进行综合评价，重点考评是否合规经营；品质指数是行业协会或第三方评估机构通过突击访问和暗访体验对旅游相关企业的服务质量进行的专业评估；游客通过网络平台使用体验指数来评价旅游相关企业的服务水平。这三项指标的加权平均值构成了一个完整性指数，该指数以10分制计分。诚信评分公开发布，作为政府监管的依据，为游客选择旅游企业提供参考。诚信评价低于6分的企业将下线并纳入重点监管名单进行监管。截至2021年，全省已完成16.7万家旅游相关企业诚信评估，重点监管企业307家。全面实行"30天无理由退货"，游客可以通过拨打热线、"游云南"App、有关服务点等方式退换货物，只需如实填写购物地、商家和商品名称、购物时间、退货原因以及退货人等相关信息，即可发起退货申请，做到了游客一键申请、州市在线接单，想退就退。截至2021年，全省各州（市）、县（市、区）设立游客购物退货监理中心123个，筹措退货垫付准备金1794万元；在机场、主要火车站、主要旅游景区等游客集中区域按照"统一名称、统一标识、统一设计、统一规程"的要求，规范设立退货服务点130个。截至2021年，共为游客办理退货10861件，退款金额7819.77万元，游客对"30天无理由退货"工作的满意度达99%以上。

3. 搭建团队分时预约平台

全面贯彻落实"预约、错峰、限量"要求，在2020年5月上线景区团队分时预约

---

① 石飞.云南旅游诚信评价体系覆盖16.89万企业，失信经营者将列入"黑名单"[N/OL].光明网，2021-03-18 [2022-02-13] . https://m.gmw.cn/baijia/2021-03/18/1302172182.html.

平台，通过旅行社填报预约信息、旅游景区确认，实现旅游团队错峰、限量入园。关联旅游团队电子行程单，可查询景区入园预约情况、团队信息、入园信息等，为旅游行政管理部门监管提供动态监管信息。

4. 建立综合监管考核平台

云南省出台了《云南省旅游综合监管考核评价暂行办法》，建立了全省旅游市场综合监管考核平台，在平台分一类地区和二类地区公布各州市综合监管考核实时得分和排名情况（包括综合监管机制运行情况、涉旅企业诚信评价进展情况、涉旅安全事故发生情况、受到上级处理情况、发生负面舆情情况、"1 + 16 + 129 + X"游客投诉处置体系运行情况等分项指标得分情况）。

5. 建立旅行社、导游管理系统

系统具备旅行社基础信息管理、旅游团队电子行程单填报、关联门票预约系统、进行旅游团队入园门票预约、关联诚信评价系统开展诚信评价及旅行社重点监管名单管理等功能，目前已有 867 家旅行社开通了账号，684 家旅行社在线填报行程单，并接入 1640 余辆大巴车载视频监控。此外，初步建立了导游管理系统，实现导游基础信息管理功能，可关联电子行程单实现导游调派，并提供游客对导游的评价服务，当前系统可在线监管全省导游的信息。

（三）推动数据汇集，探索建设旅游大数据中心

按照"数字云南"建设要求，强化信息资源共建共享，不断提升数据采集、管理、分析、发布能力，形成跨行业、跨区域、跨部门、多层次、多类型的文化和旅游信息资源集成、开放与共享应用体系，为"一部手机游云南"持续提供信息资源支撑与保障，建设旅游大数据中心。旅游大数据中心依托腾讯云已基本完成技术构架，初步汇聚交通、旅游、工商、气象、机场、银联、景区和腾讯位置大数据等相关部门及涉旅商家的基础数据，基本实现数据的统一采集、集中存储、快速处理和应用共享。快速处理数据，综合使用基于腾讯的 AI、区块链、大数据、物联网等技术，建立基于海量数据的快速处理能力，已初步建成 3 个主题分类库 28 个主题库，为旅游产品设计和市场营销提供支持。推动数据服务下沉，完成分级大数据服务能力建设，构建规则引擎、数据治理引擎等，提升大数据中心的持续运营能力。目前可提供省级和州（市）景区数字消费、数字诚信、数字身份、数据可视化等分级大数据服务，通过大数据运用，提升旅游管理的预见性、针对性和有效性。

三、主要经验和做法

"一部手机游云南"是云南推动旅游产业与互联网、云计算、大数据、人工智能深度融合发展的具体措施，是云南发挥比较优势推动数字经济发展"先行先试"的具体行动，是"互联网＋旅游"发展的云南实践，在推动云南旅游转型升级中发挥了积极作用，成为云南旅游转型升级的新引擎。

（一）管理模式创新

"一部手机游云南"上线全国首创的旅游行业监管平台即"一部手机管旅游"平台，实现涉旅行业团队管理、行程管理、投诉退货、预约入园等全流程线上的闭环运行，并与相关部门联动实现跨部门信息资源共享，构建了旅游大数据平台，为政府提供高效优质的监管与决策支持。

（二）场景创新

"一部手机游云南"促进线上线下的融合发展，结合游客需求，分别针对游前、游中、游后各阶段深度开发融合旅游服务及消费场景，建立了全国最大规模的景区在线直播平台、最全面的导游导览内容、最高效的旅游投诉体系、最方便的 30 天无理由退货等，通过旅游企业和游客线上服务智能化和数字化，不断适应和满足游客需求。

（三）技术创新

系统采用了腾讯先进的研发成果和产品，通过大数据、云计算、移动互联网、人工智能等新技术的应用，推动了文化和旅游行业信息化水平的不断提升与完善，促进了旅游数字化和智能化的快速发展，为全省涉旅企业的转型升级和产业数字化生态圈的构建提供了技术支撑。

（四）营销创新

"一部手机游云南"项目积极探索将本地文化和旅游进行融合的可行方式和正确形式，通过与腾讯 IP 的有效连接，进行创新型营销，打造新型数字文旅模式，释放文旅发展新动能，树立文旅市场品牌标杆。

（五）服务创新

"一部手机游云南"通过不断提升服务质量，丰富服务领域，通过预约入园、扫码识景、在线直播、语音导览、手绘地图等应用场景，最大限度地满足游客的旅游需求，提升目的地的旅游满意度，推动旅游生态系统的建立。

第二节　携程智慧旅游建设"一部手机游甘肃"

携程创立于 1999 年，总部设在中国上海，员工超过 3 万人，目前公司已在北京、广州、深圳、成都、杭州、南京、厦门、重庆、青岛、武汉、三亚、南通、香港等 95 个国内城市，新加坡、首尔等 22 个国外城市设立分支机构，在中国南通、苏格兰爱丁堡设立服务联络中心。作为中国领先的综合性旅行服务公司，携程成功地整合了高科技产业与传统旅行业，为超过 3 亿会员提供集无线应用、酒店预订、机票预订、旅游度假、商旅管理及旅游资讯在内的全方位旅行服务，被誉为互联网和传统旅游无缝结合的典范。

携程凭借稳定的业务发展和优异的盈利能力，在线上旅行服务市场居领先地位，连续 4 年被评为中国第一旅游集团，目前是全球市值第二的在线旅行服务公司。

携程一直将技术创新视为企业的活力源泉，在提升研发能力方面不遗余力。携程建立了一整套现代化服务系统，包括海外酒店预订新平台、国际机票预订平台、客户管理系统、房量管理系统、呼叫排队系统、订单处理系统、E-Booking 机票预订系统、服务质量监控系统等。2013 年携程发布"大拇指 + 水泥"策略，构建指尖上的旅行社，提供移动人群无缝的旅行服务体验。

依靠这些先进的服务和管理系统，携程为会员提供更加便捷和高效的服务。携程全域旅游目的地建设方案正基于当前旅游行业的趋势与痛点，凭借其在行业内多年的品牌形象与运营优势，专业人才与团队的数量规模，为各旅游目的地提供一体化综合性的智慧旅游服务方案。

一、携程智慧旅游概况

携程智慧旅游建设方案主要围绕着"一个中心，三个服务体系"进行建设，即"一机游"云数据中心与智慧旅游管理体系、智慧旅游服务体系、智慧旅游监督体系；三个体系分别为政府与目的地管理者体系、游客体系、与目的地市场相关主体提供智慧旅游配套服务体系。其中，由政府通过智慧旅游管理体系对旅游目的地各要素进行监督与管控；由政府、携程等共同组建智慧旅游目的地的平台运营公司，负责技术平台落地，整体旅游平台运营、营销、管理操盘，肩负整体旅游目的地运营的责任；由各相关旅游企业负责提供旅游产品，为游客提供优质服务。

（一）智慧旅游管理平台——面向政府与目的地管理者

1. 综合运营系统

（1）旅游运营管理平台。基本内容为游客管理系统、营销监管平台、云平台服务、自动化管理。

（2）人才培训基地。基本内容与功能为利用携程的旅游专家认证系统实现旅游专业技能培训与认证。

2. 综合管控系统

基本内容与功能为视频监控、车辆调度、承载力预警、基础资源监测、实时数据统计、舆情监测、安防报警、停车场管理。

3. 大数据管理系统

基本内容与功能为大数据管理服务中心、数据交换中心、区域大数据监控中心、业务运营决策系统（见图 8-1）。

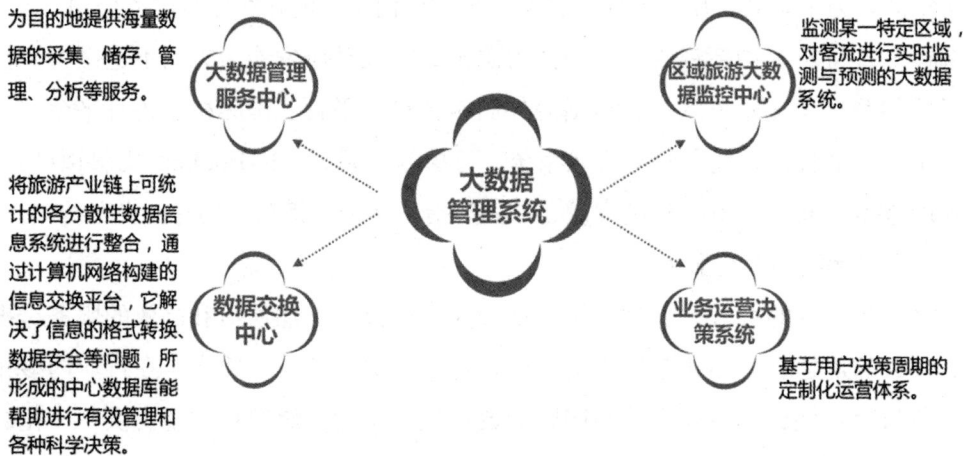

为目的地提供海量数据的采集、储存、管理、分析等服务。

大数据管理服务中心

监测某一特定区域，对客流进行实时监测与预测的大数据系统。

区域旅游大数据监控中心

将旅游产业链上可统计的各分散性数据信息系统进行整合，通过计算机网络构建的信息交换平台，它解决了信息的格式转换、数据安全等问题，所形成的中心数据库能帮助进行有效管理和各种科学决策。

数据交换中心

大数据管理系统

业务运营决策系统

基于用户决策周期的定制化运营体系。

图 8-1　大数据管理系统示意

4. 政务系统

政务系统包括会员管理系统、OA 协同办公系统、EHR 人力资源管理系统、交互式语音应答系统（见表 8-1）。

表 8-1　政务系统

内容	服务功能
会员管理系统	通过携程会员管理系统，旅游目的地经营者可以记录所有会员客户的资料，了解用户的兴趣爱好、消费特点、意向需求等；同时针对客户的需求，为其提供优质的个性化的旅行服务

续表

内容	服务功能
OA 协同办公系统	办公自动化（OA）是面向组织的日常运作和管理，员工及管理者使用频率最高的应用系统，主要推行一种无纸化办公模式
EHR 人力资源管理系统	人力资源管理系统，通过提高内部员工的满意度、忠诚度，从而提高员工贡献度，即绩效，帮助管理者通过有效组织管理降低成本和加速增长来创造价值链利润
交互式语音应答系统	通过双音频电话输入信息后，能向用户播放预先录制好的语音，提供相应信息的一种业务。它具有语音信箱、传真收发等功能

（二）智慧旅游服务平台——面向游客

1. 自助售检票系统

基本内容与功能为电子门票、线上与线下售票结合、远程查询。

2. 音乐广播系统

基本内容与功能为：按照在人员密集场所，实时传达目的地信息，可转为紧急广播系统。

3. O2O 一体化

基本内容与功能为无现金支付与现金支付、电子会员卡。

4. 消防报警系统

基本内容与功能为火灾报警电话、消防联动广播。

5. 无线局域网系统

基本内容与功能为供游客上网、统计游客网络数据。

6. 智慧健康系统

基本内容与功能为在景区内放置智慧健康一体机，随时供游客测量基础身体数据，如身高、体重、血压等。

7. 智慧场景

（1）智慧景区：基本内容与功能如表 8-2 所示。

表 8-2 智慧景区内容与功能

快速入园，无感支付	景区智能导览
为游客提供二维码、指纹识别、人脸识别等快速入园服务，解决排队痛点问题	通过电子地图为游客提供景区地图导航、厕所查找、查看景区实时客流情况与景区资讯等
通过二维码、一卡通、智能手环等技术实现无现金、无感支付	手机随身导游讲解，智能推送周边食、住、行、游、购、娱信息

（2）智慧酒店：基本内容与功能为 VR 选房、30秒刷脸入住、智能管控、离店闪结。

（3）智慧乡村：基本内容与功能为在线预订乡村农家院、民宿、餐饮、特产等，农事直播，民俗活动直播，分享乡村文化故事（见图 8-2）。

图 8-2　智慧乡村

（4）智慧零售：基本内容与功能为自助零售、自助购物篮、无人货架、自助终端结算。

（5）智慧餐饮：基本内容与功能为自助终端点餐、自助取餐、自助回收站、经营分析。

8. 云呼叫服务平台

基本内容与功能为一键呼叫旅游 SOS、旅游投诉一键呼叫受理、售后一键呼叫答疑。

（三）智慧旅游营销平台——面向目的地市场相关主体

一机游平台基本内容与功能为完成"食、住、行、游、购、娱"的各种智慧化旅游场景，"一机在手，说走就走"（见图 8-3）。

1. 分销渠道

基本内容与功能为 B2B 与 B2C 分销渠道建设。

2. 综合产品管理系统

产品研发中心基本内容与功能为根据时令热点，推陈出新产品。产品管理中心基本内容与功能为对旅游产品进行分类对比、效益追踪、实时查询。

3. 目的地品牌打造与传播

基本内容与功能为挖掘 IP、制订营销方案、品牌推广。

4. 大数据推广

基本内容与功能为全案输出、精准推广、目的地智能决策。

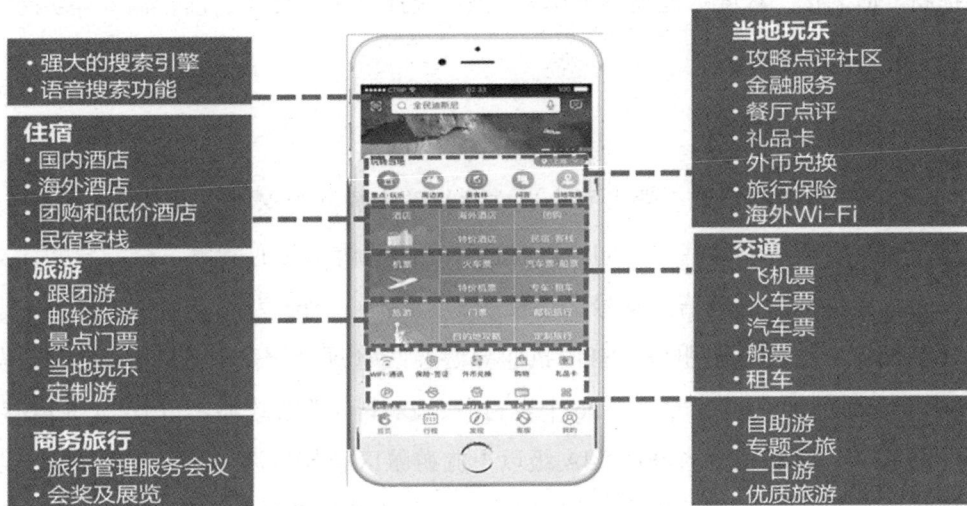

图 8-3 一机游平台基本内容与功能

二、项目背景

甘肃省旅游业发展势头强劲，旅游市场规模逐步增大。2021 年，甘肃省接待游客人数 2.76 亿人次，实现旅游综合收入 1842.4 亿元，分别较 2020 年增长 29.7% 和 26.6%，旅游市场恢复到 2019 年同期水平的 73.7% 和 68.7%。随着甘肃省旅游市场规模的快速增长，为同步提升旅游管理、服务与营销水平，为游客提供高品质的旅游体验，省内积极推进智慧旅游建设工作。

2016 年 12 月 27 日，国家旅游局办公室印发的《"十三五"全国旅游信息化规划》（旅办发〔2016〕346 号）提出：到 2020 年，旅游"云、网、端"基础设施建设逐步完善，信息新技术的行业创新应用不断深化，旅游数字化、网络化、智能化取得明显进展，旅游公共信息服务水平显著提高，旅游在线营销能力全面发展，行业监管能力进一步增强，旅游电子政务支撑行业治理现代化坚实有力，信息化引领旅游业转型升级取得明显成效。

2018 年 2 月，甘肃省政府印发《关于加快建设旅游强省的意见》《关于加快全省智慧旅游建设的意见》等文件，提出要广泛运用互联网大数据技术，实施"一部手机游甘肃"计划，推动服务业的发展。2020年，甘肃省已经建成"一中心三体系三朵云"（即大数据中心，智慧旅游管理体系、服务体系、营销体系和智慧旅游支撑云、功能云、内容云）智慧旅游体系[①]，促进全省智慧旅游的发展。2021年，甘肃省"一部手机游甘肃"综合服务平台中的景区（场馆）分时预约系统入选了文旅部《14个发展智慧旅游提高"适老化"程度示范案例名单》，该系统提供字号变大、语音输入等功能，为老年人旅游提供了便利。

三、项目发展情况

"一部手机游甘肃"综合服务平台以文化旅游大数据为支撑，以解决游客食、住、行、游、购、娱等需求为基本导向，以打造"金牌导游、贴心管家、全能导购、文化导师"为总体目标，以微信公众号、小程序、二维码、App为入口，相继建成了景区智能导游导览、乡村旅游服务、自由执业导游在线管理及服务等13个子系统；发布了15个城市目的地、90家景区、26个乡村游、22个自驾游攻略，以及1475篇游记、2430个短视频；具备了全省90家4A级以上旅游景区智能导游导览和VR体验，以及在线订票、语音讲解、视频直播、厕所定位、车位查找等功能；实现了814家农家乐、6843家酒店及家庭旅馆、63家景区门票、573条旅行线路在线订购，以及9596名注册导游在线预约服务。至目前，平台已累计完成投资4935万元；2018年5月底上线运行以来，累计浏览量已突破1200万人次。

"一部手机游甘肃"平台已在全国声名鹊起，2019年，平台被省委省政府作为省重大项目推进建设，并先后荣获第四届中国文旅产业巅峰大会突出贡献奖、腾讯全球数字生态大会"数字文旅先锋奖"。2019年9月，在中国旅游产业博览会上，文旅部对"一部手机游甘肃"推荐展出。2020年6月，"一部手机游甘肃"综合服务平台被文旅部评选为"年度文化和旅游信息化发展典型案例"。平台的建设得到了文旅部和省委省政府的高度肯定，山西、江西、湖北、青海、新疆等省级文旅部门先后对此进行了考察学习。

随着平台的不断开发完善和市场化运营的加快推进，"一部手机游甘肃"必将成为广大游客出行的"好助手"、群众居家生活的"好帮手"，也必将提高全省旅游服务、管理、营销各个环节的智能化、信息化、便捷化水平。建议相关部门加快推进"一部手机游甘肃"市场化运营，在政策制定、资金投入、人才引进等方面进一步加大力度，

---

① 姜镇宁，苏小凤."一带一路"背景下甘肃省旅游业发展路径选择［J］.旅游纵览（下半月），2018（20）：170-175.

为全省文化旅游产业发展发挥更好更大的作用。

四、重点任务

（一）全面建成"一中心"

首先，进一步深化公安、通信运营商等部门的数据共享，促进省直部门设计旅游数据的横向融合和共享。其次，对 4A 级以上旅游景区进行视频监控，将游客流量等信息与省级甚至国家级平台对接。旅游发展重点市（县）要建成旅游大数据中心，打通全省旅游大数据纵向归集系统。最后，景区、旅行社、民宿等作为数据采集单元，从不同维度统计大数据，形成省级涉旅数据自主资产和甘肃智慧旅游内容云，推动数据资源在旅游产品研发设计、生产运营、远程运维、供应链管理方面的应用，形成旅游信息数据智能传感控制能力。

（二）基本建成"三体系"

1. 完善智慧旅游管理体系

主要从旅游综合监管平台、舆情监控平台、全省旅游行业协同办公系统这三个方面来推进。实时掌握景区动态数据，如人流状况、交通拥堵情况，对突发事件做好预警应急处理，发挥综合监管的作用；当有舆情出现时，要快速响应，第一时间通过各大网络媒体发布应对信息，加强信息透明化，正确引导舆论走向；建设一体化网络协同办公系统，加强同省旅游管理部门、公安、交通等涉旅部门的协作，增强信息的时效性与透明度，打造高效的政务管理体系。

2. 完善智慧旅游服务体系

以甘肃旅游资讯网为基础，"微游甘肃"微信服务平台为核心，完善旅游票务预订等服务；建设电子导游库，为游客提供更多的讲解选择，开设一批甘肃旅游营销服务品牌专区，向游客提供多方面涉旅信息的查询服务，协助游客制订、完善目的地行程[①]；构建甘肃旅游动态交互评价系统，游客可以根据自己真实的服务体验实时发布，其他游客可以了解更多真实的感受，旅游运营商则可以根据反馈意见及时整改。

3. 完善智慧旅游营销体系

首先，健全网络宣传平台，加大网络宣传投入力度，线上媒体平台与线下主题活动共同发力，建立立体化网络宣传矩阵，打响"交响丝路·如意甘肃"的品牌，同时，加强与周边省份的信息共享，吸引周边省份的游客。其次，创新旅游宣传形式，年轻

---

① 白明珠，祁红艳，张雪，等.5G技术在智慧旅游景区建设中的应用研究——以武威沙漠公园为例［J］.电子世界，2021（2）：47-48.

人逐渐占据旅游的主市场，营销方式也要与时俱进，传统的在报纸上刊登广告、在电视节目中穿插广告等形式起到的宣传作业用微乎其微，应该利用微博、小红书、抖音、哔哩哔哩等新媒体平台创新宣传方式。引导旅游电商平台开发更符合市场需求的"住宿＋景区门票""交通＋景区门票"等网络旅游套餐，促进线上线下一体化电子商务模式落地，推进旅游电子商务系统与金融系统对接，建设甘肃综合性旅游服务预约平台，改变传统单一的旅游营销模式。鼓励本地旅游企业与不同类型在线旅行社合作，通过官方网站、微信等载体建设电商平台，进行旅游形象及特色活动宣传推广。

（三）推进"三朵云"建设

1. 建设以数据为中心的支撑云

在现有旅游大数据的基础上，继续增加各个涉旅部门、行业的数据接入，实现数据共建共享。

2. 建设以服务为中心的功能云

进一步推进全省旅游产业全覆盖、旅游管理全方位、旅游服务全链条的线上线下无缝对接，提升政府部门管理服务水平、企业营销服务水平和游客满意度。

3. 建设以游客为中心的内容云

通过合法、多样的方法，收集游记、攻略等信息，形成可行、可信的当地旅游攻略，帮助游客出行。

（四）加快实现旅游主业态智慧化系统

1. 景区智慧化建设

支持景区开发在线预订、智能讲解等服务功能，加强客源监测、人流密度监测，为游客提供更智慧化的旅游服务。

2. 智慧旅行社建设

建立智慧旅行社管理系统，提供完整的旅行社介绍、旅游线路、代理酒店、代理票务、旅行社组团信息查询等基本服务信息，同时兼具旅游电子合同管理服务、导游资质信息管理服务，以及保险、租车等其他服务。

3. 智慧酒店建设

鼓励酒店完成智慧化升级，如提供自助入住、在线支付服务，客房内布置智能窗帘、小爱音箱、智能马桶等智能终端。

4. 智慧民宿建设

支持民宿完成 4G、5G 网络覆盖，建设电子门禁系统、民宿客栈信息管理平台，并扶持民俗客栈开展餐饮、娱乐一条龙服务，拉长民俗休闲产业链。

（五）提升旅游业网络扶贫实效

积极探索智慧旅游网络扶贫新模式，103 家 4A 级及以上旅游景区导游导览、6843 家酒店及家庭旅馆、773 家农家乐、573 条旅游线路、63 家景区门票售卖入口、9695 名注册导游在线预订预约……这是"一部手机游甘肃"公共服务平台能够提供给游客的服务内容。此外，建设乡村旅游服务平台，为消费者提供在线查询、预订、交易等服务，配套休闲农业、乡村旅游消费等信息服务功能，提升乡村旅游标准化建设进程。同时，将乡村旅游平台与大型网络平台、旅游部门自媒体进行链接，及时发布各类农事节庆节会等乡村热点信息。

（六）促进旅游业融合与创新

1. 推进高速公路服务区与旅游智能化融合

针对自驾游群体，加快实施网络"后备厢"工程，在高速公路服务区建设 50~80 个甘肃特色旅游商品和农特产品实体示范店，涵盖景区推介、展馆营销、电动车租赁、休闲区、房车驿站、路况实时反馈等功能板块，使高速公路服务区成为甘肃旅游信息中心、物流中心和游客集散中心。

2. 建设自驾游地理信息系统（GIS）服务平台

依托国家测绘地理信息局的天地图服务，以自驾营地、自驾线路、景区景点、维修服务站、加油站等自驾相关内容为重点，加快建设自驾游 GIS 服务平台，为自驾游客提供私人线路定制、保险预订购买、道路救援预订、医护救援预订、维修服务预订等一站式服务。

3. 推动客运站点与旅游业"错峰对接"

充分利用全省四级客运站点闲置的运输资源，弥补旅游旺季旅游大巴运力缺口，打通客运班线与景区景点的"最后一公里"。

4. 全面推行旅游"一卡通"

加强各旅游部门与互联网公司合作，发行实名制旅游卡，与高速服务区、加油站、景区等对接，持卡用户在省内旅游时即可享受到特定商户的优惠折扣服务。

（七）补齐网络基础设施短板

加快景区 5G 移动网络建设，对旅游各场景实现网络全覆盖，这不仅方便游客流畅上网，也为大数据共享、旅游部门应急调度指挥奠定了坚实的基础。

2020 年以来，"一部手机游甘肃"在促进旅游发展、乡村振兴方面发挥了巨大的作用。甘肃省结合"新冠"疫情防控的实际情况，先后在"一部手机游甘肃"平台上线"文旅抗疫""你是人间四月天""环西部火车游"等 12 个网络专题，以及"景区疫情数智分析""分时预约"等功能。平台累计接入近 4 万条文化和旅游业态信息，累计服务游客 714 万人次。此外，省级部门在"一部手机游甘肃"平台上建设了农村电商工程，顺应 5G 短视频时代，创新实现 5G 云赏花、渭河源直播带货等活动，并借助抖音、快手等自媒体平台营销，扩大知名度，搭建了线上线下多个销售场景，帮助甘肃农村多元化发展，带领乡村百姓奔小康。

第三节　全域智慧文旅服务平台"一键游广西"

一、项目概况

"一键游广西"是广西壮族自治区党委、政府"十四五"期间重点打造的全域智慧文旅综合服务平台，由广西文化和旅游厅牵头，广西旅游发展集团、数字广西集团负责具体实施建设。项目以打造旅游经济互联网共享模式为目的，以解决旅游交通出行服务为切入点，建设成为整合全区文化旅游行业"食、住、行、游、购、娱"六要素的智慧文旅综合服务平台。相对于其他平台，该平台可以做到以下几点。

（一）整合资源

整合全区各级文化旅游资源，建设壮美广西·文旅云，打造广西智慧旅游公共服务平台。

（二）对接企业

对接各地各部门和相关企业，打造广西智慧旅游营销平台。

（三）优化功能

应用新科技，优化功能，打造广西智慧旅游监管平台。

（四）转型升级

培育广西文化旅游新业态、新模式，促进广西文化旅游产业转型升级，打响"秀甲天下，壮美广西"的省级旅游目的地品牌，加快实现广西文旅和产业数字化和数字文旅产业化。

平台采用"产业化运作"手段，其中，核心产业由政府引导、市场化运作，广西文化和旅游厅牵头，广西旅游发展集团和数字广西集团共同组建广西旅发科技公司负责建设和运营。整合全区文旅资源、打通数字化资源，采用市场化运作机制，融入政用、商用、民用、旅游四个数字化大体系，为广西文旅产业数字化奠定基础。相关产业由"一键游广西"牵头，以"旅游+"各行业融合创新，推出一键游览、一键交通、一键美食、一键住宿、一键购物、一键娱乐、一键文化、一键研学、一键乡村游、一键"文旅+"等多样化的产业融合商业模式，并采用双轨运营模式。整合区内工会疗休养、老龄委老年康养、机关差旅消费、各大高校旅游等，由"一键游广西"平台统筹广西人游广西优惠政策，拉动广西文旅消费内循环。加大区外、境外网络渠道营销、加大电商渠道合作，推动文旅消费外循环。

二、运营模式

（一）平台建设

根据项目实施规划，整合广西全区资源，推进"一云一池三平台"（一云：壮美广西文旅云；一池：文旅资源池；三平台：智慧服务平台、智慧营销平台和智慧监管平台）的建设。

1. 一云——壮美广西文旅云

以广西文旅大数据资源中心为基础，打造形成区域文旅产业数字化平台，对接公安、交通、市场监管、气象、银联、电信运营商等有关数据，实现旅游产业运行实时监测。

2. 一池——建设文旅服务资源池

整合广西旅游线上线下相关资源，结合乡村振兴、"大健康+文旅"、社会化交通服务、金融机构金融服务、科研院校创新创业等推动相关产业融合发展。

3. 三平台

（1）建设旅游智慧服务平台。通过一键游览、一键交通、一键美食、一键住宿、一键购物、一键娱乐、一键文化、一键研学八大服务功能，创新各种公共服务应用，全面提升我区旅游公共服务水平。

（2）建设旅游智慧营销平台。全面整合全区文化旅游相关资源，建成全区统一品牌的"广西旅游营销一张网"。

（3）建设旅游智慧监管平台。完善旅游投诉管理和联合执法平台、旅游产业运营监测平台、旅游产品溯源平台、旅游诚信管理平台，建成自治区、市、县（市、区）三级旅游监管云平台。

（二）功能特点

1. 广西旅游资讯发布

"一键游广西"汇集了广西景区、文化场馆等的旅游攻略、出行信息等，为游客提供新鲜有用的广西旅游资讯服务信息。

2. 智慧交通出行助手

"一键游广西"与神州租车、一嗨租车、联动云租车等平台开展合作，向游客提供在线选车、下单、异地还车等便捷实惠的租车服务。

3. 投诉问询快速通道

"一键游广西"构建了自治区、市、县（市、区）等各层面涉旅企业的投诉体系，游客可通过在线渠道进行投诉、问询，并实时在线查看进展。

4. 出游预警避开拥挤

"一键游广西"与旅游、公安、消防、交通、卫生、气象等部门建立信息共享平台，对旅游景区（点）的人数、接待能力进行预测、预警，进行动态跟踪、监测，引导和方便游客假日出行，做到出行心中有数。

5. 一站式旅游新服务

"一键游广西"游客可在平台上享受全域导览、交通、消费警示、投诉、点评等旅游公共信息服务，以及景点门票查询预约、当地向导、当地交通、特色体验、景点推荐、酒店查询预订等一站式在线旅游服务。

6. 一键云游广西体验

"一键游广西"云上旅游系统提供全区多个景区（点）的360°VR全景虚拟游览、视频直播等智慧化服务，山河湖海360°实景图片、视频，移步换景，足不出户，云游壮美广西。

三、发展目标

2022年逐步实现一键文创——文旅融合IP孵化平台、一键康养——疗休养服务平台、一键营地——生活服务平台等10个垂直领域的运营支撑，通过市场化运营思路，让一键游广西实现具备自给自足能力。2022年，平台将实现5亿~6亿元的交易流水，带动和服务1000亿元的旅游综合消费。2023年，通过平台赋能带动文旅产业数字化转型，将构建文旅行业智慧化新业态，把管理和服务做到极致，实现广西全区3A级及以上旅游景区、自治区级及以上旅游度假区、重点文化场所智慧化升级，建成全国知名的数字经济品牌，打造国内成功的省级数字文旅产业化平台标杆。

第四节 "智游天府"文化和旅游服务平台

一、平台概况

"智游天府"平台是贯彻落实"要着眼于'便捷'，打造'天府文旅'智慧信息平台"等要求，于2019年10月按照"一中心、三板块"进行建设的，2020年9月25日正式上线。

2020年7月，四川省政府办公厅出台了《加快"智游天府"全省文化和旅游公共服务平台建设实施方案》（川办函〔2020〕40号），要求用三年时间全面建成"智游天府"平台。

（一）文旅大数据中心建设情况

通过整合省、市、县、乡、企事业单位多级一体的文化和旅游资源，汇集全省各类文旅数据4164.7万条，提供文旅服务企事业单位7070家，公共厕所、停车场等公共服务类场所近1.4万个；累计发布文旅服务信息超8万条。接入公安、交通、气象等相关涉旅部门数据，与交通厅、省市场监督局、省信用中心、部分市州等进行数据共享交换约67.3万条；输出6期数据分析报告。

（二）综合管理板块建设情况

提供日常办公协同、基础资源管理、行业运行监测、数据汇总分析等七大类服务38个业务系统。

1. 预约预订系统

集成全省133家4A级及以上正常营业的封闭式景区门票网络预约渠道，接入完成率100%。对13家重点图书馆、10家重点博物馆预约预订渠道也进行了接入。

2. 视频监控系统

集成全省303家正常营业的4A级及以上旅游景区视频监控系统。

3. 假日运行监测系统

实现了全省文旅系统假日填报统计分析、A级旅游景区运行监测及预警等可视化展示和联动处理功能。

4. 投诉和举报系统

形成了省、市、县、企四级联动的投诉和举报机制，实现了游客"一键投诉"，并随时跟踪投诉举报处理进度和情况。

（三）公共服务板块建设情况

通过 App、小程序、微信公众号、微博、抖音等方式，为公众提供预约预订、景区信息、场馆信息、住宿信息、餐饮信息、文博展览、文艺演出、在线直播、城市名牌、特色产品、精品线路、评论分享、投诉举报、志愿服务、研学旅行以及四川天府健康通等旅游、文化、公共三大类 20 项主要服务，解决文旅融合和文旅便民方面的问题。春节期间，平台通过开展"云上天府过大年"专题活动的形式，汇聚全省文化和旅游线上服务资源，提供展演、展播、展示三大类 300 多个节目，全网曝光量超 10 亿次，让广大人民群众在疫情期间足不出户即可享受到丰富精彩的文旅盛宴，受到了省委宣传部的充分肯定。截至目前，平台用户数已近 100 万人（含 App、微信公众号、小程序），直接服务使用者上千万人次。

（四）宣传推广板块建设情况

已整合并构建了省级文旅体系新媒体矩阵，正在推进市（州）新媒体号整合，形成省市联动的融媒体宣传矩阵，为提升全省文旅品牌做好支撑。

二、平台成效

（一）构建了全省智慧文旅生态体系

通过建设，形成了技术支撑、标准支撑、建设支撑、政策支撑等智慧文旅生态体系，确保形成全省智慧文旅建设"一张网"，推动全省智慧文旅建设。

（二）形成了全省文旅数据互联共享

通过纵向连接全省文旅体系基础及运行数据，横向整合公安、交通、气象等涉文旅数据，实现业务数据共建共享、分建共享；依托大数据中心推动全省文旅数据归集共享，形成全省文旅数据生态，最终实现全省文旅行业的精细化管理、精准化宣传、精到化服务。

（三）实现了全省文旅行业智慧监管

通过集成预约预订、视频监控、门禁闸机等数据，及时掌握全省热点景区的预订人数，及时发布风险预警信息，有效引导游客分流，保证旅游安全。

三、未来规划

未来计划通过两个阶段推进"智游天府"平台建设。第一阶段是 2021~2023 年，"智游天府"将具备成熟的运营核心产品、运营团队和运营平台，形成良好的可持续发展能力。社会公众使用人数达到 1 亿人次以上，注册用户数量不少于 400 万，企事业单位及市场主体覆盖累计不低于 3000 家。第二阶段是 2024~2025 年，优化和完善"智游天府"平台运营，进一步提升平台的品牌影响力和资源供给力，初步具备自我造血能力。社会公众使用人数、注册用户数量、企事业单位及市场主体覆盖数量翻一番。

（一）以景区创建标准为突破，全面推动智慧旅游景区建设

贯彻文化和旅游部《智慧旅游景区建设指南》，在 2021 年全省景区发展大会上，编印下发《智慧旅游景区建设基本要求与评价》，指导景区依托 5G、大数据、物联网、AI、流媒体等新技术，全面推进智慧旅游景区建设。将智慧旅游景区建设与升 A 评级和复核结合起来，制定考评机制，进行线下通报和线上"晾晒"；对建设走在前列的景区，给予项目补贴。结合"万企上云"工作要求，通过以点带面、重点突破，着力推进四川省智慧旅游景区"上云"，带动全行业、全业态智慧化建设。

（二）以"新基建"示范为引领，全面推动智慧文旅建设

拟由发改委、经信厅、科技厅、文旅厅联合发文，围绕智慧旅游城市、智慧旅游景区建设，按照"一层级一示范"的推进方式，在全省文旅体系进行"新基建"示范单位试点申报；按照每年 40 个示范试点建设标准，力争通过 3 年建设形成不少于 120 个示范试点；对于创建示范成功的单位，按照 1：1：1 的比例，省、市、县三级对"智慧旅游城市""智慧旅游景区"提供资金奖励，全面提升四川省文旅数字化建设。

（三）以"智游天府"平台为核心，全面提升文旅公共服务水平

按照《四川省加快"智游天府"全省文化和旅游公共服务平台建设实施方案》，聚焦"智游天府"平台功能升级和体验优化，进一步扩大数据接入范围和类别，实现 4A 级及以上旅游景区、一级文化馆、一级图书馆、一级博物馆预约预订、视频监控、客流监测数据的接入。加强"智游天府"平台与"天府通办"对接，设置"直通文旅"分站点，通过智能手机、导游机等移动终端，为公众提供旅游在线咨询预订、电子支付、投诉维权等全过程、一站式服务，构建面向社会公众的智慧化公共服务体系，全面提升文旅公共服务水平。

（四）不断完善平台智慧化管理，提升文旅体系管理效率

进一步完善平台功能，加强数据共享，创新场景应用，加快标准建设，开展示范创建，全面提升全省文旅行业智慧化服务水平。